미르치아 엘리아데의
『성과 속』
읽기

세창명저산책 **106**

미르치아 엘리아데의
『성과 속』
읽기

초판 1쇄 인쇄 2024년 3월 18일
초판 1쇄 발행 2024년 3월 27일

—

지은이 신호재
펴낸이 이방원
기획위원 원당희

책임편집 조성규　　**책임디자인** 손경화
마케팅 최성수·김 준　　**경영지원** 이병은

—

펴낸곳 세창미디어

신고번호 제2013-000003호　주소 03736 서울특별시 서대문구 경기대로 58 경기빌딩 602호

전화 02-723-8660　팩스 02-720-4579　**이메일** edit@sechangpub.co.kr　**홈페이지** http://www.sechangpub.co.kr

블로그 blog.naver.com/scpc1992　페이스북 fb.me/Sechangofficial　인스타그램 @sechang_official

ISBN 978-89-5586-804-3 02200

세창명저산책

미르치아 엘리아데의 『성과 속』 읽기

MIRCEA ELIADE

106

신호재 지음

세창미디어
MEDIA

세속의 일상에서

누구보다 성스러운 삶을 사셨던

부모님을 추모하며

들어가며

이 책은 종교학의 고전으로 평가받는 엘리아데^{M. Eliade}(1907-1986)의 『성과 속*The Sacred and the Profane*』을 위한 입문이다. 나는 이제껏 살아오면서 대략 10년을 주기로 이 책을 읽을 기회를 세 번 정도 가졌다. 내가 『성과 속』을 처음 접한 것은 20대 학부생 시절이었는데, 교양으로 수강한 종교학 과목의 과제 수행을 위해 읽었던 것으로 기억한다. 당시 독본으로 사용한 한국어 번역이 매끄럽지 않은 탓도 없지 않았겠으나, 대학생 수준에서는 용어가 낯설고 개념이 어렵게 느껴져 책의 많은 내용을 이해하지 못했다.

두 번째 이 책을 읽은 것은 30대 초반 대학원에서 박사 과정을 밟을 때였다. 오랜만에 집어 든 『성과 속』이 비교적 쉽게 읽혔던 것은, 엘리아데의 종교학에서 내가 전공하는 현상학과 유사한 점을 많이 발견할 수 있었기 때문이다. 전문적인 종교학 이론에 대해 깊이 아는 바는 없었지만, 철학 연구자로서 내가 보기에 『성과 속』은 종교의 본질을 성스러움에 대한 체험에서 규명하려는 종교현상학으로 평가할 수 있겠다는 생각이 들었다.

세 번째로 이 책을 읽은 것은 40대 중반에 선생이 되어 〈삶과 종교〉라는 과목을 맡게 되면서였다. 오늘날 대학이 처한 현실에서는 연구자가 오롯이 자신이 전공한 학문만 가르치는 편의를 누리기는 어렵다. 특히 교양을 담당하는 교수는 전공 이외의 분야 역시 공부하지 않으면 가르칠 수 없다. 터무니없는 말을 늘어놓지 않으리라는 정도의 자신감은 있었지만, 잘 알지 못하는 개별 종교 하나하나를 깊이 있게 해설하는 것은 역량을 벗어나는 무모한 일이었고, 피상적으로나마 종교사를 개괄하는 것 역시 지적 양심을 위배하는 것으로 여겨져 도저히 그렇게 할 수 없었다. 왜냐하면 아무리 교양을 담당하는 교수가 온갖 것을 전달하는 지식소매상이라 불린다지만 배움을 진지하게 갈망하는 학생을 앞에 놓고 차마 설익은 지식을 강의할 수는 없었기 때문이다.

이러한 고민 중에 내가 문득 떠올린 것이 바로 엘리아데의

『성과 속』이었다. 대학원 시절에 착안한 것처럼 현상학의 관점에서 핵심 내용을 요약·정리하여 해설하면, 이 책을 비교적 쉽게 소개할 수 있으리라는 생각이 들었던 것이다. 문외한을 대상으로 하기에 무조건 쉽게 소개하는 것을 최우선의 목표로 삼았지만 『성과 속』의 내용을 단순히 기계적으로 축약하여 수업하는 것으로는 기대만큼 만족스럽지 않았다. 왜냐하면 『성과 속』에는 인류 역사에 존재하는 무수히 많은 종교·문화·신화적 전통이 사례로 등장하는데, 여기에 현혹되어 따라가다 보면 정작 핵심을 놓쳐 버리기 일쑤였기 때문이다.

그렇게 몇 년의 시행착오를 거친 후에야 나는 수업을 효과적으로 진행하기 위해 강의록 형태의 입문서가 필요하다는 생각이 들었고, 이 책은 이러한 문제의식에서 집필되었다. 권위 있는 종교학 전문가가 엘리아데의 『성과 속』을 더 풍부하고 깊게 해설한 좋은 책이 이미 시중에 많음에도 구태여 한 권을 더 보태는 까닭은, 전적으로 내가 진행하는 수업을 위한 필요와 편의에서다. 이렇듯 대학생 때 교양 과목을 수강하며 처음 읽었던 책을 교수가 되어 강의하고 또 책까지 쓰게 되었으니 『성과 속』과 나의 인연은 가볍지 않은 셈이다.

교양을 담당하는 교수로서 감히 내 생각을 말하자면, 학생과 대중에게는 『성과 속』에 등장하는 다양한 인류학적 사례와 신화적 근거를 남김없이 이해하는 것이 그다지 중요하지 않아 보인다. 오히려 중요한 것은 엘리아데가 자신의 종교학을 전개하는 데에 의지하고 있는 방법론이다. 이것이 현상학이라는 철학에 기초하고 있음을 설득력 있게 보여 줄 수 있다면, 시시콜콜하리만치 세부적인 내용에 함몰되어 길을 잃지 않고서도 독자가 엘리아데가 『성과 속』에서 말하려는 대강의 요지를 파악하는 데에 큰 어려움이 없으리라 믿는다.

　　요컨대 내가 이 책을 집필한 목적은 현상학의 관점에서 『성과 속』의 핵심 내용을 쉽게 이해할 수 있게끔 하는 것이다. 현상학의 기본 취지는 논리적 사변이나 언어적 분석이 아닌 생생한 체험을 통해 사태의 의미를 직접 보여 주게끔 한다는 데에 있다. 그러므로 성스러움에 대한 체험에 근거하여 종교의 본질을 직관하게끔 하는 『성과 속』은, 엘리아데가 명시적으로 현상학을 원용하지 않았거나 설령 현상학을 전혀 염두에 두지 않았다손 치더라도, 다분히 현상학적 성격을 지닌다고 평가할 수 있다.

물론 종교학 전문가는 『성과 속』을 독해하는 나의 관점이 부적절하다고 이의를 제기할 수 있고, 또 이 책에서 순전히 나의 직관에 따라 독창적으로 제시해 본 이런저런 사례가 엘리아데가 직접 언급하지 않은 내용이라고 지적하면서 오류를 비판할 수도 있을 것이다. 나는 이러한 반론을 겸허하게 수용할 것이며 이에 대해 그 어떠한 논쟁도 전개할 생각이 없다. 전문화된 분과학문에서 이루어지는 연구의 수준과 해당 분야 전문가의 권위를 존중하는 것은 마땅한 일이기 때문이다. 그러나 나는 이 책의 저자로서 두 가지 점을 강조하고 싶다.

첫째, 모든 학문 분야의 논의에 자유롭게 개입할 수 있는 것은 보편학이라는 본성을 지닌 철학의 특권이다. 나는 이 책을 종교 관련 교양 과목의 입문을 위한 강의의 목적으로 썼지만, 그렇다고 철학의 오지랖 넓음을 수세적 방어의 구실로만 내세울 생각은 없다. 오히려 시대정신이 권장하는 학제적 융합연구의 관점에서 볼 때 철학의 입장에서 『성과 속』을 해설하는 시도는 필요하며, 무엇보다 현상학적 방법론에 주목한 접근을 시중에서 발견할 수 없다는 점에서 학술적 연구로도 의의가 없지만은 않으리라 믿는다.

둘째, 종교학을 대표하는 저술이라고 하여 그것이 꼭 종교학 내에서만 소비되어야 하는 전유물을 뜻하지는 않을 것이다. 『성과 속』은 철학적 통찰로 가득할 뿐만 아니라, 문화인류학과 같은 유관 분야에까지 지적 영감을 제공하는 고전으로 이미 확고하게 자리 잡았다. 따라서 대학에서 종교 과목을 수강하는 학생은 물론 더 폭넓은 대중의 교양을 위해서도, 『성과 속』을 소개하는 입문·해설서가 다양한 것은 나쁜 일이 아니다. 동일한 텍스트라도 다양한 관점에서 조명하는 것은 고전에 대한 이해의 깊이를 더하는 일이기 때문이다.

이러한 점을 염두에 두면서 독자는, 이 책이 제시할 나의 견해를 엘리아데의 『성과 속』은 "반드시 현상학적 관점으로 읽어야만 한다"는 완고한 주장으로 오해하기보다는, "현상학적 관점에서 읽는 것도 가능하다"는 하나의 의견으로 받아들여 주기를 바란다. 엘리아데가 제시하는 풍부한 경험적 사례를 샅샅이 고찰하지 못한 것은 영원히 이 책의 한계로 남을 것이다. 혹시 종교학의 전문가·연구자가 이 책을 읽는다면 이 점에 대해 너그러운 양해를 구한다. 또한 교양의 함양을 위해 이 책을 읽는 학생과 대중에게는 문헌적·연구사적 검토를 통해 종교학의 기존 성과를 풍성하게 반영하지 못한 데에 대한 아쉬움을 전한다.

그렇지만 철학적 직관이 갖는 미덕이자 매력은 잡다하고 번쇄한 것을 과감히 덜어 버리고 옥석을 가려 오직 골자만을 파악한다는 데에 있다. 아무쪼록 이 책이 『성과 속』의 핵심 사상을 이해하는 데에 조금이나마 길잡이가 되기를 희망하며, 미흡하게 시작한 강의를 몇 학기나 인내하면서 내가 긴장감을 놓지 않고 부단히 내용을 개선할 수 있도록 동기를 불어넣어 준, 〈삶과 종교〉를 수강한 학생 모두에게 고마운 마음을 표한다.

차례

1장

—

엘리아데와 『성과 속』에 대하여

　　『성과 속』의 저자 엘리아데는 루마니아 태생으로, 부쿠레슈티대학과 인도의 콜카타대학에서 수학한 후 프랑스의 파리대학을 거쳐, 미국 시카고대학의 교수를 역임하였다. 그는 현대 종교학을 대표하는 학자로 사후 40여 년이 지난 오늘날까지 커다란 영향을 미치고 있는데, 특히 종교학에서뿐만 아니라 철학이나 문화인류학 등 인접한 다양한 학문 분야에까지 통찰력 있는 영감을 제공하는 것으로 명성이 높다. 이 책을 쓴 목적에 비추어 엘리아데의 개인사를 자세하게 소개하는 것은 굳이 필요하지 않다는 생각이 든다. 내가 엘리아데 전문가가 아니어서 과문한 탓이 크지만, 그에 관해서는 간단한 인터넷 검색만으로도 얼마든지 상세하고도 충분한 정보를 얻을 수 있기 때문이다.

오히려 중요한 것은, 엘리아데의 종교학이 어떤 성격을 지니고 있는가 하는 점이다. 종교학에는 다양한 분야가 존재한다. 가령 종교의 역사를 고찰하는 종교역사학, 종교의 사회적 측면을 탐구하는 종교사회학, 종교의 문화적 측면에 주목하는 종교문화학, 종교의 심리적 측면을 연구하는 종교심리학 등이 대표적이다. 종교에 대한 철학으로서의 종교철학도 있으며, 다양한 유형의 종교를 비교·대조하는 비교종교학도 있다. 물론 종교라는 현상은 역사·사회·문화·심리·철학 등의 다양한 차원이 불가분하게 얽혀 있기에, 종교학의 특정 분과를 전문적으로 연구하더라도 다른 측면을 다루지 않을 수는 없다. 종교에서 어떤 면에 주목하여 무엇을 강조하느냐에 차이가 있을 뿐이다.

그렇다면 종교현상학이라고 부르는 엘리아데의 종교학은 어떤 학문인가? 이름만 들어서는 무엇을 연구하는 분야인지 언뜻 이해가 가지 않는다. 앞서 언급한 다양한 종교학의 분과는 명칭에서 자신이 탐구하는 대상이 명확하게 드러난다. '종교○○학'은 종교를 구성하는 측면·요소로서의 '○○'을 탐구하는 학문이다. 반면 종교현상학은 그렇지 않다. 종교현상학은 종교를 이루는 특정한 구성요소로서 '현상'이라는 측면에 주목한다고 보기 어렵다. 왜냐하면 '현상'이라는 용어는 특정한 대상의 한 측면을 지칭하지 않는 일반적인 개념이기 때문이다. '종교○○학'이라는 모든 분과가 각자 나름대로 종교 현상의 일면을 주제적으로 연구하는 것이다. 그렇기에 우리가 종교현상학의 학문적 성격을 정확하게 규정하기 위해서는, 현상을 '대상'이 아니라 '방법'으로 간주해야만 한다. 다시 말해 종교의 '무엇'을 연구한다기보다는 종교를 '어떻게' 연구할 것인가의 관점에서, 종교학의 다른 분과와 차별화되는 특성을 이해해야 한다는 뜻이다.

종교현상학의 창시자는 네덜란드의 종교학자 반 델 레에우G. van der Leeuw로 알려져 있다. 그가 개창한 종교현상학은 방법적 측면에서 종교학의 새로운 혁신을 가져왔다고 평가된다. 즉 기존의 종교 연구는 인류 역사에 존재해 온 여러 종교의 자료를 수집하고 관찰하여 다양한 형태를 분류·비교·대조·평가하는 단계에만 머물고 있었는데, 반 델 레에우는 이러한 방식의 경험적·귀납적 탐구가 아니라 종교의 본질을 직관하는 탐구인 종교현상학을 주창한 것이다. 즉 종교현상학은 그토록 다양한 유형의 핵심을 관통하는 종교의 본질을 규명하기 위해서 직관의 방법에 의지한다. '직관'이라고 하면 흔히 느낌이나 감에 의지하는 것으로 오해하기 쉬운데, 학문 방법론으로서의 직관은 문제가 되는 사태를 직접 보는 것으로 사유에 의한 추론과 대비된다.

반 델 레에우는 이러한 직관의 방법을 현대 유럽의 영향력 있는 철학 사조인 후설 E. Husserl(1859-1938)의 현상학에서 차용하였다. 후설의 현상학은 그 어떠한 선입견이나 편견도 없이 문제가 되는 사태 또는 탐구하려는 대상을 드러내려는 철학이다. 학문적 탐구를 주관적 견해에 치우치지 않고 객관적으로 수행해야 한다는 일반 원칙에 비추어 이게 뭐 그리 특별하고 대단한 것인가 싶을 수 있다. 하지만 후설이 현상학을 통해 배제하려는 선입견이나 편견은 한낱 주관적·개인적 믿음만을 가리키는 것이 아니라, 기존의 학문이 암묵적으로 전제하는 선입견까지 포함한다. 즉 아무리 객관적으로 연구를 수행하려 해도, 연구자는 자명하게 타당한 것으로 간주하는 모종의 전제를 동원하지 않을 수 없는데, 일체의 학문적 선입견마저도 '판단중지'를 통해 유보해야 한다는 것이다. 이렇게 모든 종류의 선입견에서 자유로워진 후에 남는 것은, 문제가 되는 사태가 생생한 의식 체험에 있는 그대로 드러나는 '현상'밖에 없다. 이러한 현상을 직관함으로써만 사태를 제대로 파악할 수 있다는 것이 후설 현상학의 기본 입장이다.

　요컨대 종교현상학은 다양하면서도 특정한 종교 현상을 연구하는 것이 아니라, 현상학의 원리와 방법에 따라 종교의 본질이 무엇인가를 탐구하는 학문이다. 인류 역사에 존재했었고 또 오늘날에도 존재하고 있는 다양한 유형의 종교에는, 그것을 '종교'라는 공통의 범주로 묶어 규정하게끔 해 주는 보편적인 원리, 즉 본질이 존재한다. 엘리아데의 종교학은 종교의 본질을 규명하는 것을 목표로 삼는 종교현상학이다. 『성과 속』의 독일어판 부제副題가 "종교의 본질에 관하여Vom Wesen des Religiösen"인 것은 바로 이러한 이유 때문이다. 그리고 종교의 본질이 무엇인지 규명하기 위하여, 엘리아데는 비단 판단중지나 본질직관뿐만 아니라 후설 현상학의 여러 방법과 절차에 의지하고 있는 것처럼 보인다.

이 책의 2장은 엘리아데의 종교학이 지닌 현상학적 성격을 방법론의 관점에서 규명한다. 독자층에 따라 상이하겠지만 2장의 내용이 낯설고 어렵다고 느끼는 사람이 적지 않을지 모른다. 엘리아데의『성과 속』에 대한 입문을 위해 굳이 후설의 현상학까지 알아야만 하느냐는 의문이 들 수도 있다. 그런 사람에게는 2장을 건너뛰고 곧장 3장부터 읽어 나갈 것을 권한다. 그러나 나로서는 간략하게나마 후설의 현상학을 살펴보는 것이 독자가 엘리아데가『성과 속』을 정확하게 그리고 체계적으로 이해하는 데에 분명 도움이 되리라 생각한다.

3장은 현상학의 방법적 절차를 통해 엘리아데가 종교의 본질로 규명해 낸 '성현聖顯'의 개념을 고찰한다.『성과 속』의 제목이 말해 주듯이, 모든 종교는 '성과 속'의 차별화된 의미 구조 속에서 성립한다. 그러나 '성'과 '속' 양자는 엄연히 존재론적으로는 대립하고 있지만, 그럼에도 또한 역설적으로 하나로 통일되어 있다. 통일과 분열의 이중적 운동 속에서 성스러움이 자신의 신비를 드러내는 현상이 바로 성현이다.

이어지는 내용은『성과 속』의 편제를 따라 성현이 나타나는 모습을 구체적으로 살펴본다. 『성과 속』의 목차는 크게 네 개의 장[▪]으로 이루어져 있는데, 각각의 장은 공간·시간·자연·인간을 주제로 다룬다. 4장 성스러운 공간에서는 일상적인 삶의 공간으로부터 어떻게 성스러운 의미로 구조화된 공간이 출현하게 되는지 고찰한다. 5장 성스러운 시간에서는 일상적인 삶의 시간으로부터 어떻게 생성·소멸의 리듬과 마디를 지닌 성스러운 시간이 나타나게 되는지 살펴본다. 6장 성스러운 자연에서는 세계에 존재하는 땅·물·나무·달·해·돌 등의 자연물이 상징하는 성스러운 의미를 알아볼 것이다. 7장 성스러운 인간에서는 인간이 단지 생리적·경제적·현실적 차원에만 국한된 존재가 아니라, 삶의 과정 속에서 자기 자신을 성스러운 존재로 만들어 나가는 초월적인 존재임을 고찰한다.

8장은 앞의 내용을 종합하면서 성스러움을 추구하는 것은 인간 존재의 근원적 본성이라는 점을 확인한다. 특히 8장의 2절은 간략한 논평으로, 엘리아데의 『성과 속』에 대한 나의 문제 제기가 담겨 있다. 좀 더 체계적으로 다듬어서 전문적인 학술 논쟁으로 개선·발전시킬 여지가 많이 남아 있다고 보이지만, 여기서는 다만 나 역시 『성과 속』을 읽는 독자가 되어 비판적으로 제기해 볼 수 있는 단상을 실어 보았다. 엘리아데의 종교학에 이러저러한 물음을 제기해 볼 수도 있겠구나 하는 정도로만 참고해 주길 바란다.

『성과 속』의 결론을 미리 말해 두면 다음과 같다. 아무리 종교성으로부터 멀어지고 신성함으로부터 벗어나 세속화된 삶을 살아가는 현대인이라 하더라도, 암묵적으로는 일상적 삶에서마저 초월적인 차원을 동경하고, 막연하게나마 존재의 의미를 갈망하면서, 무의식적으로라도 성스러움의 가치를 발견하기를 추구하는 한, 모든 인간은 본성상 그리고 영원히 종교적 인간*homo religiosus*일 수밖에 없다는 것이다.

2장

—

『성과 속』의 현상학적 성격

1. 현상학의 문제의식

현상학은 19세기 후설에 의해 창시되어 하이데거^{M. Heide}

gger, 셸러^{M. Scheler}, 메를로퐁티^{M. Merleau-Ponty}, 레비나스^{E. Levinas}

등으로 계승되는 철학 사조로, 20세기 이래 현재까지 커다란

영향력을 유지하고 있다. 사조란 특정 철학자 몇 명의 사상이

아니라 사상적 경향이나 지성사의 흐름을 지칭하는 것으로,

현상학은 비단 철학 내에서만이 아니라 다양한 분야의 인문·

사회학에 지적 영감과 연구 방법을 제공해 왔다. 여기서는 다

양한 학문 영역을 아우르는 사상적 운동으로서 현상학의 주요 문제의식을 간단히 살펴볼 것이다.

현상학적 운동은 "사태 자체로^{zu den Sachen selbst}!"라는 구호로 잘 알려져 있다. 한국어에서는 '사태事態'라는 말이 모종의 어감을 가지고 있어서 '사태가 발생하다' '사태를 수습하다' '사태를 해결하다'와 같이 다소 부정적인 뜻을 지닌 것처럼 오해를 낳기도 한다. 하지만 현상학이 말하는 사태는 중립적으로 어떤 일의 '사정事情'을 가리키며, 사정이란 일과 물건을 포함하여 대상·사건·상황을 아우르는 개념이다. 독일어 'Sach' 역시 어떤 '일' 내지 어떤 '것'을 뜻하는 단어로, '사물事物'을 의미하는 영어의 'thing'에 해당하는 말이다.

그러므로 위의 모토는 영어로 "to the things themselves"로 옮길 수 있는데, 사태라는 단어의 의미를 고려하면 단순히 'thing'보다는 'the state of affairs'라는 번역이 더 적절할 수 있다. 요컨대 사태란 일·물건·사건·상황·정황을 두루 아울러서 인간이 경험하는 대상적인 것 일반을 포괄적으로 지칭하는 말이다. 그러므로 "사태 자체로"를 표어로 내건 현상학이란 '일의 사정에 맞게' '대상의 본성에 적합하게' 탐구를 수행할 것을 요구하는 일련의 학문적·사상적 운동인 셈이다.

그런데 역으로 이러한 표어가 등장하게 된 배경을 생각해보면, 그동안 행해져 왔던 학문적 연구가 일의 사정에 부합하지 않거나 적절하지 않게 수행되고 있는 상황을 전제하고, 그에 대한 각성과 반성을 촉구하는 취지에서 나왔음을 짐작할 수 있다. 그렇다면 현상학이 비판적으로 문제를 제기하는 학문적 탐구의 경향은 무엇인가? 인류 지성사에서 17세기는 획기적인 시대로 평가된다. 왜냐하면 과학혁명을 통해 자연과학이 고도로 발전하였으며, 이에 기초하여 기술 역시 비약적으로 발달하였기 때문이다. 현대 문명이 수학 및 다양한 분야의 자연과학과 이를 응용한 공학에 빚지고 있다고 말하는 것도 과언은 아니다. 과학·기술의 발전이 인류가 근대 산업사회로 도약하기 위한 결정적인 역할을 하였기 때문이다.

그러나 찬란한 빛이 있으면 반드시 이면에 어둠의 그림자를 드리우는 법이다. 과학과 기술에 대한 맹신은 인류 역사에 커다란 재앙을 초래하였는데, 전차·전투기·잠수함 등 무차별적 대량 살상을 목적으로 하는 기계화된 무기를 양산하여 전쟁을 벌임으로써 인류는 오히려 인간성을 스스로 말살하는 치명적인 과오를 저지르고 만 것이다. 후설이 현상학을 창시한 것은 1·2차 세계대전이 발발하기 훨씬 이전이지만, 맹목적인 과학·기술 주도의 현대 문명이 정신사적 위기에 처했다는 문제의식과 반성은 이미 19세기 중반 이후 여러 학자와 비판적인 지식인 그룹 내에서 고조되어 가고 있었다.

이러한 시대적 상황에서 철학자로서 후설이 제시한 위기진단과 해법은 다음과 같다. 현대 문명의 위기는 학문의 위기에서 비롯되었으며, 학문의 위기는 모든 학문의 토대가 되는철학의 위기에서 비롯되었다. 즉 모든 학문의 토대로서 다양한 종류의 학문에 원리와 방법을 제공하는 철학이 자신의 역할을 제대로 하지 못했기 때문에 그 위에서 수립되는 다양한학문이 잘못된 길로 빠지게 되었고, 그 결과 그러한 학문적 성과를 바탕으로 수립된 현대 문명이 파멸의 위기에 처하게 되었다는 것이다. 문제의 원인에 대해 이러한 진단을 내렸다면, 위기를 극복하는 해법은 자명하게 역순으로 도출된다. 모든학문에 기초가 되는 철학을 올바로 세움으로써 잘못된 길로빠진 다양한 종류의 학문을 개혁하고, 그렇게 함으로써 진정한 인간성을 회복할 수 있다는 것이다.

그렇다면 인류 문명의 파국을 초래한 그 잘못된 길은 무엇인가? 그것은 바로 모든 학문이 수학에 기초하여 자연과학의 방법을 따라야만 한다고 강제하는 자연주의naturalism다. 학문에 다양한 종류가 있는 것은, 각각의 학문이 탐구하는 사태가 다양하기 때문이다. 수학은 수를, 물리학은 물리를, 생물학은 생명을, 심리학은 마음을, 경제학은 경제를, 사회학은 사회를 탐구하는 것처럼, 모든 학문은 자신이 탐구하는 대상이나 그것이 속한 존재 영역을 자신의 이름으로 가지고 있다. 그런데 본성이 다른 대상 영역이 이렇게나 다양하게 존재함에도 모든 종류의 학문이 오로지 수학에 기초한 자연과학의 모델을 따라야 한다고 강요하는 것은 억지를 넘어선 월권이자 폭력이다.

자연주의는 자료 수집과 관찰 및 실험의 결과가 수학적 가공·처리를 통해 계량화되고, 그렇게 함으로써만 인과법칙에 의한 객관적 설명이 가능하다고 하면서, 과학·기술의 발전을 통해 이미 탁월함이 입증된 자연과학적 방법이 인문·사회학을 포함한 모든 학문에 보편적으로 적용되지 않으면 안 된다고 주장한다. 즉 자연주의는 학문의 다양성과 각각의 학문이 지닌 고유성을 부정하고 모든 학문이 자연과학에 기초를 두어야 하며 궁극적으로는 수학으로 환원될 수 있다고 주장하는 전체주의적 입장이다.

하지만 같은 자연과학 내에서 보더라도 생명과학은 기계론적 원리로는 남김없이 설명되지 않는 측면이 많다. 왜냐하면 생명 현상은 비록 자연이라는 유(類)에서는 공유하는 점이 있지만, 그럼에도 종(種)의 관점에서는 물리적 자연과는 전혀 다른 고유한 본성을 지니고 있기 때문이다. 하물며 자연과학과 전혀 유를 달리하는 인간의 마음, 인간의 삶을 다루는 인문·사회학은 말할 것도 없다. 고도로 정교한 수학적 기법을 사용하는 경제학이 실제 경제 현실에서 작동하는 인간의 심리와 행위를 설명하는 데에 한계가 있음은 널리 알려져 있다.

더욱이 미학이 과연 감각기관에 대한 실험을 통해 얻은 데이터만 가지고 아름다움(美)이 무엇인지 알 수 있을까? 미적 체험을 물리·화학적 자극에 대한 반응으로 환원하는 것은 가능하지 않다. 윤리학이 과연 광범한 표본의 행동을 관찰한 통계를 이용하여 도덕적 선(善)이 무엇인지 밝힐 수 있을까? 그리된다 하더라도 다수의 사람이 행하는 방식을 도덕이라고 부르는 것에 불과할 뿐 진정으로 도덕적 선이 무엇인가가 규명되지는 않는다. 마찬가지로 종교학이 추구하는 성스러움(聖)을 뇌와 중추에서 일어나는 신경전달물질이나 호르몬 분비와 같은 생리적 반응으로 설명하는 것 역시 불가능하다. 왜냐하면 자연으로 환원된 진리는 의미·가치라는 사태에 대한 충분한 해명으로 적합하지 않기 때문이다.

이처럼 다양한 학문은 수학이나 자연과학으로 환원되지 않는 각기 자신만의 고유한 본성을 지닌 사태를 연구한다. 그럼에도 자연과학에만 적합한 분석의 방법을, 의미·가치와 결부되는 인간의 마음·의식을 규명하는 것을 목표로 하는 인문·사회학에까지 무리하게 적용하는 것은, 해명의 불충분함이라는 한계를 지니는 것은 물론, 아예 사태 자체의 본성을 왜곡하는 일까지 초래하고 만다. 그러므로 인간의 체험·삶에 대한 탐구는 의미·가치라는 사태의 고유한 본성에 적합하게 수행되어야만 한다는 것이 바로 현상학적 운동의 취지인 "사태 자체로"의 본의인 것이다.

2. 현상학적 판단중지

그러면 인간을 대상으로 하는 탐구는 어떻게 수행해야 하는가? 먼저 자연과학에서만 자명한 것으로 인정되는 전제를 일단 잠정적으로 유보함으로써 거기서 작동하는 이론적 선입견을 무력화하는 현상학적 판단중지phenomenological epoche가 필요하다. 즉 인간을 연구하는 학자는 무엇보다도 먼저 자연과학의 전제를 도외시해야만 한다. 자연과학은 인과법칙을 전제로 삼아 인간의 마음을 물리·화학적 자극에 대한 신경·생리학적 반응으로 설명한다. 그런데 이렇게 전형적인 자연과학이 아니라고 하더라도, 인간 삶을 몇 가지 객관적 요소로 분석할 수 있다고 가정한 후 그것들 사이에 인과관계를 찾아 법칙을 수립하려는 실증주의positivism 역시 현상학적으로 판단중지 되어야 한다.

가령 실증주의에 경도된 사회과학에서의 양적 연구 방법이란, 문제가 되는 현상을 몇 가지 객관적 요소로 분해한 다음 상수와 변인 사이의 영향을 일정한 값으로 환산한 계수와 함수의 방정식으로 변환하여 계측한 후, 그중에서 가장 상관도가 높은 것에 인과법칙이 존재한다고 추정하는 것이다. 그러나 이러한 방식의 계량적 설명으로는 인간을 근본적으로 이해할 수 없다. 왜냐하면 객관주의·실증주의를 전제하는 연구는, 인간을 '마음(의식)이 없는' 자연물로 간주하는 선입견과 편견의 굴레에서 벗어나지 못하고 있기 때문이다. 아무리 정밀하게 연구를 수행한다 하더라도 결국 실증주의적 접근은 이른바 객관성이라는 미명하에 겉으로만 보이는 인간 삶의 외피를 피상적으로 훑는 것에 지나지 않는다.

그러므로 인간을 탐구하기 위해서는 비단 자연과학만이 아니라 실증주의를 포함한 일체의 객관주의적 접근에서 벗어나야 할 필요가 있다. 이것을 객관주의objectivism에 대한 현상학적 판단중지라고 부른다. 이렇게 현상학적 판단중지를 수행함으로써 연구자는 그 어떠한 이론적 편견과 선입견에 의한 가공 없이 인간의 삶이 원초적인 모습을 생생하게 드러내 보이는 근원적인 영역으로 진입하게 된다. 어떤 사태가 자신의 고유한 본성에 따라 인간의 마음 또는 의식에 있는 모습 그대로 여실如實하게 드러나는 것이 바로 현상現象, phenomenon이며, 이러한 현상을 우리는 체험을 통해서 알 수 있다. 즉 현상이 드러나는 근원적인 영역은 바로 의식 체험인 것이다.

그런데 현상학에서 체험은 경험과 구분할 필요가 있다. '체험'이란 일체의 실증적·이론적·객관적 접근을 판단중지 하고도 남아 있게 되는 근원적인 것으로서 사태가 어떤 '의미 를 통해서' '의미와 더불어' '의미 안에서' 의식에 주어지는 '살아 있는 경험'이다. 반면 자연과학의 '경험'은 파생적인 것으로 서 근원적으로 주어지는 체험에서 의미를 배제하거나 탈각시 킴으로써 계량적·인과적 분석을 적용하기에 수월한 상태로 가공하여 남긴 껍데기, 곧 '죽어 있는 경험'이다.[1] 그러므로 우리가 '경험'이라는 말을 사용할 때에는 주의를 기울여야 한다. 느슨한 의미에서는 실증주의에 경도된 사회과학도 '경험과학' 이라 불리지만, 현상학이 주목하는 것은 경험 중에서도 객관 주의를 판단중지 한 후 사태가 생생한 의미와 함께 의식에 드 러나는 체험이기 때문이다. 이상의 내용을 도식화하면 다음 과 같이 나타낼 수 있다.

---

1   독일어와 달리 영어에는 'experience'라는 하나의 단어밖에 없다. 따라서 현상학이 구분하는 '경험(Erfahrung)'과 '체험(Erlebnis)'을 지칭하기 위해서 전자는 'experience', 후자는 'living experience' 또는 'lived experience'로 표기하는 것이 관례다.

<table>
<tr><td align="center">**경험과학**
자연주의, 객관주의, 실증주의
파생적, 피상적, 추상적, 외적, 3인칭의 관점
계량적·인과적·법칙적 설명
양적 방법</td></tr>
</table>

현상학적 판단중지

↓

현상학적 환원

<table>
<tr><td align="center">**현상학**
생생한 의미와 더불어 체험되는 삶
근원적, 실질적, 구체적, 내적, 1인칭의 관점
직관, 반성, 이해
질적 방법</td></tr>
</table>

객관주의에 대한 현상학적 판단중지를 통해 생생한 의미와 더불어 주어지는 삶과 의식 체험의 영역으로 진입하는 것을 현상학적 환원phenomenological reduction이라고 한다. 요컨대 현상학적 판단중지 또는 현상학적 환원이란, 3인칭의 관점에서 양적 방법에 따라 인과법칙을 설명하는 자연주의·객관과학·실증주의의 선입견과 전제에서 벗어나, 근원적인 삶의 영역

으로 복귀한 1인칭의 관점에서 질적 방법을 통해 사태가 생생한 의미와 함께 주어지는 의식 체험, 즉 현상 자체를 직관하는 방법적 절차를 지칭한다.

3. 현상학적 태도변경

그런데 현상학적 판단중지를 수행한다고 해서, 곧장 연구 성과가 도출되는 것은 아니다. 왜냐하면 현상학적 환원은 인간에 대한 연구를 수행하기 위한 사전 정지 작업에 지나지 않기 때문이다. 일단 근원적인 삶의 영역, 즉 의미와 더불어 경험되는 생생한 의식 체험의 영역으로 진입했다면, 이제 삶에서 다양한 사태의 영역이 존재하며 다양한 의미 체험이 가능하다는 점에 주목해야 한다.

가령 인간은 살아가면서 미적 아름다움을 체험하기도 하고 도덕적 선을 체험하기도 하며, 종교적 신비를 체험하기도 한다. 물론 이렇게 다양한 의미의 체험이 원리상 가능하다는 뜻이지, 현실적으로 누구나 이 모든 체험을 하고 있다거나 언제든 이러한 체험이 가능하다는 뜻은 아니다. 왜냐하면 미적 안목을 아예 결여한 사람은 아무리 아름다운 예술작품을 봐도 거기서 아름다움을 느끼지 못할 것이며, 선악의 윤리적 관점이 확립되어 있지 않은 사람은 인간의 행위를 도덕적으로 평가하지 못할 것이기 때문이다.

마찬가지로 그 어떠한 종교적 입장도 지니지 않은 사람은 삶에서 아무런 성스러움도 어떠한 신비도 체험할 수 없을 것이다. "볼 눈이 있어도 보지 못하고 들을 귀가 있어도 듣지 못한다"는 말처럼, 아무리 눈이 있고 귀가 있어도 어떤 의미는 그 의미를 찾으려는 특정한 의식에 대해서만 드러나 보인다. 현상학에서는 이것을 의식의 유類적 본질인 지향성志向性, intentionality이라고 부른다. 다종다기한 인간의 의식은 언제나 특정한 의식에 상응하는 특정한 사태를 지향하고 있으며, 그렇게 함으로써 인간은 어떤 사태를 특정한 의미의 현상으로 체험한다.

그런데 이렇게 다양한 의식에 상응하는 다양한 사태를 말할 수도 있지만, 동일한 사태에 대한 다양한 의식도 얼마든지 이야기할 수 있다. 여기서 요구되는 방법이 바로 현상학적 태도변경phenomenological shift of attitudes이다. '태도'란 위에서 내가 '안

목' '관점' '입장'이라는 말로 표현한 것을 아울러 총칭하는 개념으로, 현상학적 태도변경이란 동일한 대상에 대해 의식이 어떠한 태도를 취하느냐에 따라 그때마다 체험되는 의미가 전환되는 것을 일컫는다. 다음의 사례를 살펴보자.

세 사람이 길을 걷다가 길가에 이름 모를 예쁜 꽃 한 송이가 피어 있는 것을 동시에 보았다고 가정하자. 그중 식물학자는 이제껏 본 적이 없는 이 꽃이 무엇인지 호기심이 발동하여 꽃잎의 색깔, 꽃잎의 수, 꽃가루, 줄기, 뿌리 등 자신이 이미 알고 있는 식물에 관한 지식을 총동원해 이 꽃의 정체를 탐구하는 중이다. 식물학자는 지금 '자연과학적 태도'를 취하고 있으며, 따라서 꽃은 식물학자에게 철저하게 연구 대상으로서의 자연물이라는 의미로 주어진다.

한편 세 사람 중 다른 한 사람은 꽃 가게 주인이다. 경력이 짧지 않음에도 그 역시 이 꽃의 이름을 알 수가 없기는 마찬가지다. 하지만 그에게 가장 먼저 떠오른 생각은 이 꽃이 지닌 경제적 가치였다. 매우 특이하고 희귀한 꽃이기에 만약 이를 안정적으로 재배하는 데에 성공하기만 한다면 분명 시장에서 높은 가격으로 팔 수 있으리라 직감한 것이다. 이 경우 상

[그림 1] 현상학적 태도변경

인이 취하고 있는 태도는 '경제적 태도'이며, 경제적 태도에서 꽃은 일차적으로 소비자에게 판매할 시장성을 지닌 상품이라는 의미로 주어진다.

마지막으로 남은 사람은 사랑에 빠진 남자다. 남자는 길가에 피어 있는 예쁜 꽃을 보자마자 곧바로 연인을 떠올렸고, 만나서 선물할 생각에 그것을 채취하려고 한다. 이 경우 남자는 꽃을 아름답다고 평가하고 있는데, 이것은 꽃에서 단지 식물로서의 자연적 측면만이 아니라 그것을 넘어서서 존재하는 또는 그것에 깃들어 있는 아름다움을 체험하고 있기에 가능하다. 즉 남자는 아름다움의 가치를 발견하는 '미적 태도'를 취하고 있는 것이다. 그런데 이 사람은 꽃의 아름다움을 감상하는 것에 그치지 않고 타인에게 선물하려고 한다. 꽃이 사랑의 의미를 담은 선물이 될 수 있음을 아는 것은 일종의 문화적 관습이며, 따라서 그가 취하는 태도에는 미적 태도와 '문화적 태도'가 복합적으로 작용하고 있다.

이처럼 동일한 사태라고 하더라도 우리가 어떤 태도에서 어떤 관점으로 바라보느냐에 따라 그것이 우리에게 경험되는 의미는 얼마든지 상이할 수 있다. 사람마다 관심·목적·이해관계·가치관 등이 각기 다른 것이 이유겠으나, 동일한 사람이라고 하더라도 자신이 처한 상황·조건에 따라 이러한 입장에서 저러한 입장으로 관점을 선회하는 것은 흔히 일어나는 일이다. 따라서 현상학의 주요한 방법인 현상학적 태도변경을 이해하는 것은 전혀 어렵지 않다. 인간은 살아가면서 다양한 의식의 태도를 취하는데, 그렇게 취한 특정한 태도 속에서 대상은 어떤 특정한 색조를 띤 의미로 체험된다. 현상학적 태도변경은 이처럼 특정한 의미로 체험되는 대상을 다른 의미를 지닌 대상으로 전환하는 것을 일컫는다.

『성과 속』에는 현상학적 태도변경이라는 개념이 전혀 등장하지 않으며, 엘리아데 자신이 이러한 방법을 원용하고 있다고 명시한 적도 없다. 그럼에도 내가 『성과 속』을 해설하면서 현상학적 태도변경을 강조하는 것은, 엘리아데가 비종교적 인간과 종교적 인간의 삶의 방식을 구분하는 것과, 나아가 그가 종교 체험의 핵심으로 제시하는 성현의 개념 자체가 원리상 현상학적 태도변경에 의지해서만 설명되기 때문이다.

그저 자연물에 불과한 꽃에서 돌연 아름다움의 가치와 사랑의 의미가 출현하는 것처럼, 인간은 지극히 세속적인 삶에서 문득 성스러움을 체험할 때가 있다. 이것이 가능했던 것은 우리가 명료한 의식을 통해서든 암묵적인 무의식을 통해서든 '비종교적 태도'에서 '종교적 태도'로의 전환, 다시 말해 일상적인 '속의 관점'에서 종교적 가치를 추구하는 '성의 관점'으로 관점을 선회하는 현상학적 태도변경을 수행했기 때문이다.

4. 현상학적 본질직관

앞서 우리는 두 단계의 방법을 거쳐 현상학적 종교 연구의 영역으로 진입하였다. 첫 번째는 자연주의·실증주의·객관주의에 대한 현상학적 판단중지를 통해 근원적인 삶의 영역, 즉 생생한 의미가 주어지는 체험의 영역으로 진입하였다. 두 번째는 이러한 삶에서 체험할 수 있는 다양한 의미의 사태 중에서 현상학적 태도변경을 통해 종교적 태도로의 전환을 수행하였다. 따라서 『성과 속』을 읽어 가는 우리는 이제부터 자연과학은 물론 미적 관점이나 경제적 관심 또는 윤리적 판단 내지 정치적 입장 등 일체의 다른 태도를 잠정적으로 유보하고, 오로지 종교적 태도 속에서 드러나는 종교적 의미에만 주목해야 한다.

엘리아데의 『성과 속』을 주도하는 세 번째 현상학적 방법은 바로 현상학적 본질직관phenomenological eidetic intuition이다. '형상적 환원'이라고도 불리는 본질직관은 어떤 '개별 대상'으로부터, 그것이 지닌 '사실'의 차원을 넘어서 있는 형상 내지 '본질'을 파악하는 방법이다. 쉬운 사례를 들어 본질이 무엇인지 알아보기로 하자.

내 눈앞에 컵이 하나 놓여 있다. 이 컵은 입구 부분이 특정한 너비를 띤 원형으로 되어 있고, 또 특정한 깊이를 지니고 있어서 일정한 용량의 액체를 담을 수 있으며, 색깔은 빨강이다. 그러나 컵이라고 반드시 위와 같이 생겨야 할 이유는 없다. 입구의 너비를 더 넓히거나 좁힐 수도 있고, 이례적이긴 하지만 입구를 사각형으로 만드는 것도 얼마든지 가능하다. 세로로 길쭉하거나 반대로 깊이가 얕은 형태의 컵도 세상에 무수히 많이 존재할 것이다. 컵의 색깔은 또 얼마나 다양한가? 이처럼 세상에는 다양한 속성을 지닌 컵이 부지기수로 존재하고 있고, 아직 제작되지 않은 것까지 고려하면 천차만별의 형태와 색깔을 지닌 컵이 앞으로 얼마든지 존재할 수 있다.

그런데 철저한 경험주의·실증주의를 전제하는 객관과학에서는 이렇게 무수히 많은 컵(컵n)을 관찰한 사실에 기초하여 경험적 일반화를 통해서야 비로소 컵의 본질(컵e)을 알 수 있다고 주장한다. 그러니까 무수히 많은 컵을 경험적 사례로 관찰한 다음에야 그것으로부터 일반적 성격을 지니는 컵의 본질을 추정할 수 있다는 것이다.

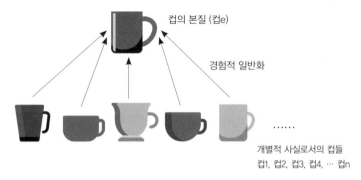

컵의 본질 (컵e)

경험적 일반화

······

개별적 사실로서의 컵들
컵1, 컵2, 컵3, 컵4, ··· 컵n

[그림 2-1] 과학이 추론하는 본질

하지만 사태 자체의 관점에서 우리의 실제 체험을 살펴보면, 경험주의·실증주의가 자명한 것으로 전제하는 귀납적 방법론에 치명적인 오류가 있음을 알 수 있다. 다양한 속성을 지닌 무수히 많은 컵을 하나도 빠짐없이 모조리 경험한 다음에야 비로소 내 눈앞에 있는 사물이 '컵임'을 알게 되는 것은 아니기 때문이다. 우리는 눈앞에 있는 사물이 '컵임'을 한눈에 알아본다. 오히려 컵의 본질인 '컵e'을 막연하게나마 알고 있지 않으면, 개별적인 '컵n'을 알아보는 경험 자체가 원리상 불가능하다. 즉 본질은 사실에 선행할 뿐만 아니라 사실에 대한 경험을 가능하게 하는 근거다. 그러니까 우리는 저 사물이 다른 것이 아니라 바로 '컵임'을 파악하게 하는 어떤 핵심적 속성, 즉 다른 사물과 결정적으로 차별화되는 속성인 '컵의 본질'을 이미 어떤 식으로든 알고 있는 것이다.

바꾸어 말하면, 우리가 특정 속성을 지닌 개별 대상으로서의 컵을 지각할 때, 이러한 체험은 그와 '더불어' 또는 그에 '앞서' 있는 컵의 본질을 직관했기 때문에만 가능하다. 즉 우리는 무수히 많은 개별 사실로서의 컵으로부터 귀납추론과 경험적 일반화를 통해 컵의 본질을 얻는 것이 아니라, 오히려 이미 어렴풋하게나마 알고 있는 컵의 본질에 의거하여 눈앞에 있는

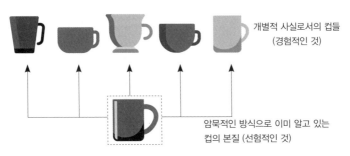

개별적 사실로서의 컵들
(경험적인 것)

암묵적인 방식으로 이미 알고 있는
컵의 본질 (선험적인 것)

[그림 2-2] 체험이 직관하는 본질

사물이 바로 '컵임'을 알아보는 것이다. 그러므로 본질은 경험적 사실에 앞서 선험적으로 존재하며, 개별 사실에 대한 경험을 가능하게 하는 근거가 된다.

그런데 이렇게 우리가 일상적 삶에서 이런저런 대상의 본질을 이미 암묵적으로 또는 무의식적으로 파악하면서 살아가고 있음에도 불구하고, 누군가가 "저것의 본질은 무엇인가?"라고 물으면 선뜻 답을 내놓기 어려울 때가 많다. 돈이 무엇인지 모르는 사람은 없지만 막상 "돈이란 무엇인가?"라는 질문을 받으면 머리가 새하얘지고, 시간이 무엇인지 막연하게는 알지만 정작 "시간이란 무엇인가?"라는 질문을 받으면 대번에 말문이 막히고 만다.

이처럼 본질에 관한 형이상학적 물음은 언제나 "X란 무엇인가?"라는 형식으로 제기된다. 일상적 삶에서 우리는 모두 암묵적으로 X가 무엇인지 막연하게나마 알고 있지만, X가 무엇인지 더 명료하게 알기 위해서는 그것의 본질인 'X임'을 파악하기 위한 의식적인 노력과 적극적인 방법이 필요하다. 이러한 요구는 학문에서 두드러지는데, 왜냐하면 학문적 탐구의 목적이 본디 문제가 되는 사태가 무엇인지를 명료하게 그

리고 체계적으로 밝히는 데에 있기 때문이며, 더 근본적으로
는 학문이 의지하는 모든 개념이 실상 다양한 차원과 수준에
서 유類와 종種을 지시하는 본질 개념이기 때문이다.

그러면 이제 앞에서부터 예로 들어 온 컵의 본질이 무엇인
지 알아보자. 다른 사물과 차별되는 컵의 고유한 본질이 무엇
인지 알기 위해서는 역설적으로 무엇이 컵이 아닌지를 아는
것이 결정적이다. 가령 컵은 입구의 모양, 입구의 너비, 높이
내지 깊이, 그에 따른 부피, 색깔, 소재 등의 속성을 지니고 있
다. 그러면 이제 상상想像, imagination을 발휘하여 입구의 모양을
변형시켜 보자. 세상에 존재하는 컵은 대체로 입구가 원형이
지만, 입구가 삼각형인 컵도 이미 존재하고 있을지 모르며, 아
직은 존재하지 않지만 입구가 칠각형 모양인 컵을 상상하는
것도 얼마든지 가능하다. 따라서 입구의 모양이라는 속성은
컵의 우연적 사실일 뿐이지, 컵을 컵이게끔 하는 필연적 속성
으로서의 본질은 아닌 것 같다.

다음으로 또다시 상상을 발휘하여 입구의 너비나 높이를
변형시켜 보자. 입구가 좁고 깊은 형태를 지닌 컵도 존재할
수는 있겠으나 그러면 컵으로서 적절히 기능할 수 없어 '꽃병'

에 가까워질 것이며, 입구의 너비를 너무 넓히거나 깊이를 얕게 하면 오히려 '접시'에 가까운 형태로 변하고 말 것이다. 그렇다면 컵의 본질과 관련해서 입구의 모양은 그리 중요하지 않으나 상대적으로 너비나 깊이는 꽤나 중요한 속성임을 알수 있다. 왜냐하면 컵의 본질이란 비록 어떤 점에서는 유사하지만 그럼에도 꽃병·접시 등과 결정적으로 구분되는 형태에서 '경계'나 '윤곽'을 갖는 개념으로, 상상을 동원하여 형태를 자유롭게 변경한다free variation 하더라도 일정 수준에 이르면 더는 양보할 수 없는 어떤 '한계', 즉 존재의 '임계'를 지니기 때문이다.

물론 이러한 작업을 수행한다고 해서 단번에 어떤 사태의 본질을 알 수 있는 것은 아니다. 그렇게 쉽게 본질에 도달하기를 바라는 것은 손도 안 대고 코를 풀겠다는 심보일 것이다. 하지만 학문적 탐구란 '무엇임'과 '무엇이 아님' 사이에 경계를 짓고 다시 더 나아가 분석을 진행해 가면서 '무엇임'의 본질을 보다 명료하고 구체적으로 찾아가는 목적을 지닌 활동이다. 요컨대 모든 사태에는 무언가 안정성을 띠는 형태나 구조를 규정하는 필연적 속성이 반드시 존재한다. 이러한 방식으로 시대의 본질을 엄밀하게 규명해 가는 방법이 바로 현상학적 본질직관이며, 모든 학문은 이러한 방법에 의지하지 않고서는 자신이 탐구하는 대상이 무엇인지 해명하는 것이 불가능하다.

그러면 이제 다시 『성과 속』의 맥락으로 돌아오자. 단적으로 『성과 속』에서 전개되는 엘리아데의 종교학은 사실학이 아니라 본질학이다. '사실학'은 우연적으로 존재하는 개별적인 것을 탐구하는 '경험적' 학문인 반면, '본질학'은 필연적으로 존재하는 본질 내지 형상을 탐구하는 '선험적' 학문이다. 전자는 무수히 많은 사실, 즉 데이터의 수집·관찰에 의거하여 경험적 귀납을 통해 유형이나 법칙 등의 일반 원리를 단지 추정만 할 수 있을 뿐인 '경험과학'이지만, 후자는 그러한 개별 사실에 대한 경험 자체를 가능하게 하는 배후의 근거로서 사실성 너머에 존재하는 본질이 무엇인가를 규명하는 '형이상학'의 성격을 띤다.

엘리아데의 종교학은, 그리스도교는 이렇고, 이슬람교는 저렇고, 불교는 그렇다 하는 식으로 개별 종교 하나하나를 사실의 관점에서 경험적으로 탐구하는 데에 목표를 두고 있지 않다. 오히려 그것은 인류의 다양한 문화적 전통에서 역사적·지리적 시간과 공간을 초월하여 보편적으로 발견되는 '종교란 무엇인가?'를 규명하는 데에 관심이 있는, 다시 말해 종교의 본질에 대한 철학적 관심에 의해 추동되는 종교학

[그림 3] 인류의 다양한 종교 상징

이다. 엘리아데는 사실의 수집과 경험적 귀납의 일반화를 통해 종교의 본질이 이러한 것은 아닐까라며 추정하는 것이 아니라, 오히려 모든 종교를 종교이게끔 하는 필연적 규정이자 선험적 원리를 현상학적 본질직관의 방법을 통해 제시하고 있는 것처럼 보인다.

요컨대 역사적·지리적·사회적·문화적 차이를 막론하고 인류의 종교는 다양한 유형으로 과거에 존재하였고 현재에도 존재하고 있으며 앞으로도 존재할 것이지만, 그럼에도 거기에는 그 모든 것을 아울러 종교라고 부를 수 있는 모종의 본질 요소 내지 본질 구조가 있는데, 엘리아데는 그것을 바로 성과

속의 구분에 기초한 성현의 체험이라고 규정한다. 그런 점에서 의식적으로 의도한 것이든 아니면 은연중에 수행한 것이든, 또한『성과 속』에서 자신의 탐구 방법을 명백하게 언명하였는지의 여부와 무관하게, 종교의 본질 규명을 목표로 하는 엘리아데는 현상학적 본질직관에 의지하고 있다고 짐작되는 것이다.

5. 초월론적 현상학적 환원

『성과 속』에서 엘리아데가 원용했다고 짐작되는 네 번째 현상학적 방법은 바로 초월론적 현상학적 환원transcendental phenomenological reduction이다. 이것을 이해하기 위해서는 먼저 '현상학적 심리학'과 '초월론적 현상학'을 구분할 필요가 있다. 전자가 '심리적 주관'의 의식 체험을 탐구한다면, 후자는 '초월론적 주관'의 의식 체험을 탐구한다. 이 책에서 깊이 논할 성격의 문제는 아니기에 간략하게 요지만 말하자면, 심리적 주관은 이미 주어진 세계 안에서 살아가는 인간인 반면, 초월론적 주관은 의미를 부여함으로써 세계를 구성하며 살아가는 인간이다.

앞서 현상학적 태도변경을 살펴보면서, 동일한 대상이 주체가 취하는 의식의 태도에 따라 한번은 이런 의미로, 다른 한번은 저런 의미로 체험되는 현상을 확인하였다. 그런데 이것은 대상의 측면에만 적용되는 것이 아니라, 주체의 측면에도 적용된다. 그러니까 동일한 인간을 어떠한 관점·입장·태도에서 바라보느냐에 따라 주체의 의미가 달라지는 것이다. 심리적 태도에서 '심리적 주관'으로 바라본 인간과 초월론적 태도에서 '초월론적 주관'으로 바라본 인간 사이에는 다음과 같은 존재론적 차이가 있다.

심리적 주관psychological subject은 세계 안에 존재하는 영혼을 일컫는다. 세계에는 많은 것들이 존재한다. 무기물·식물·동물·인간·가치·수 등은 모두 세계 안에 존재하는 것이며, 그런 점에서 세계는 사물의 총체라고 정의할 수 있다. 그렇게 세계 안에 존재하는 것 중의 하나인 인간은 영혼을 지닌 존재로서 의식의 지향성을 통해 세계에 존재하는 다른 것과 심리적 관계를 맺는다. 즉 인간이란 이러한 대상은 이런 의미로 저러한 대상은 저런 의미로 체험하면서 살아가는 심리적 주관인 것이다. 이러한 인간은 세계 안에 있는 다양한 존재 중

하나라는 점에서 사물의 총체로서의 세계 안에 포함되어 있으며, 또한 의식의 지향적 관계 역시 세계 안에 존재하는 개별 대상에 제한되어 있다.

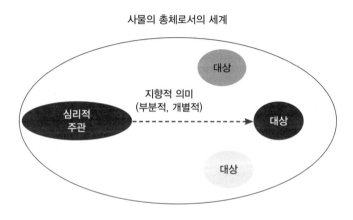

[그림 4] 현상학적 심리학: 심리적 주관이 대상과 맺는 지향적 관계

반면 초월론적 주관transcendetal subject은 세계를 구성하는 주관이다. 여기서 '구성constitution'이라는 말은 마치 무에서 유를 창조하듯 존재하지 않던 세계를 존재하게끔 만들어 낸다는 뜻이 아니라, 세계가 의미의 총체로 체험될 수 있도록 세계 전체에 특정한 색조의 '의미를 부여한다'는 뜻이다. 심리적 주관

역시 의미를 부여하기는 하지만 그 의미 부여가 개별 대상과 맺는 관계에 제한되어 있었던 반면, 초월론적 주관이 부여하는 의미는 개별 대상이 아니라 세계 전체를 아우른다. 세계는 대상보다 단지 외연만 넓은 것이 아니라 훨씬 더 근원적이기도 하다. 이 말은 세계의 의미가 개별 대상의 의미를 결정한다는 뜻이다. 미적 세계가 먼저 구성되어야 그 안에 존재하는 개별 대상이 아름다운 것으로 경험될 수 있는 것처럼, 윤리적 세계가 먼저 개시開示되어야 그 안에서 일어나는 개별 행위가 도덕적 가치평가의 대상으로 드러나게 된다. 그런 점에서 초월론적 주관이 구성하는 의미의 세계는 심리적 주관이 개별 대상과 맺는 의미 관계보다 '근원적'일 뿐만 아니라 '보편적'이고 '전면적'이다.

『성과 속』의 논의로 돌아오면, 성스러움으로 충만한 종교적 세계가 먼저 전개되어야만, 비로소 그 세계 안에 존재하는 모든 개별 존재가 성스러운 의미를 지닌 것으로 체험될 수 있다. 물론 심리적 주관도 종교적 태도를 취할 수는 있다. 하지만 이것은 세계에 대한 전면적 의식이 아니라 그 세계 안에 존재하는 개별 대상에 대한 부분적 의식이다. 바꾸어 말하면 심리적 주관은 종교적 태도를 취하더라도 몇몇 특정한 대상에서만 선택적으로 성스러움을 이따금 엿볼 수 있을 뿐이지만, 초월론적 주관이 종교적 태도를 취하게 되면 마주하는 모든 대상에서 성스러운 의미를 발견하게 된다. 뿐만 아니라 심지어 주체인 인간 자신마저 성스러운 존재로 인식하게 되면서, 언제 어디서나 성스러움으로만 충만한 세계를 살아가게 되는 것이다.

좀 더 이해를 돕기 위해 "부처 눈에는 부처만 보이고, 돼지 눈에는 돼지만 보인다"는 말을 원용해 보자. 만일 누군가가 진정한 깨달음을 얻었다면 그에게 어떤 사람은 부처로 보이고 어떤 사람은 짐승으로 보일 리가 없다. 왜냐하면 이것은 한낱 선입견에 사로잡힌 분별심일 뿐이기 때문이다. 만약 누군가가 어떤 것에서만 가끔씩 부처를 보고 다른 것에서는 짐승을 본다면 그는 아직 진정한 부처가 되지 못한 것이다. 진리를 깨달은 자는 도처에서 부처만을 볼 것이며, 그래야 비로소 진정한 깨달음의 세계에서 살아간다고 말할 수 있다. 이처럼 심리적 주관이 취하는 종교적 태도는 초월론적 주관에 비해 제한적이고 불완전하다.

엘리아데가 『성과 속』에서 인간을 "세계를 향해 열려 있는 실존"으로 규정할 때, 그가 궁극적으로 지시하고 있는 인간은 분명 초월론적 주관이지 심리적 주관이 아니다. 비록 후설 현상학의 초월론적 주관 개념 자체가, 엘리아데가 말하는 것과 정확히 같은 결에서 어떤 종교성을 지닌다고 보기는 어렵지만, 엘리아데가 근원적인 인간을 '종교적 인간'이라고 말할 때 양자는 거의 비슷한 위상을 갖는다. 그러니까 엘리아데가 말하는 "세계를 향해 열려 있는 실존"이란, 자신이 살아가는 세계를 성스러운 의미로 충만한 세계로 구성하면서, 동시에 그 세계 안에 존재하는 모든 것, 심지어 자기 자신마저도 성스러

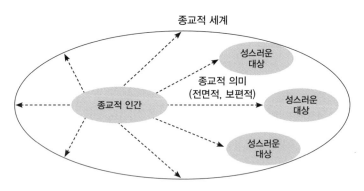

[그림 5] 초월론적 현상학: 종교적 인간이 구성하는 성스러운 세계

운 존재로 간주하며 살아가는, 가장 근원적인 인간 존재인 초월론적 주관을 뜻하는 것이다.

하지만 초월론적 현상학의 동기를 강하게 시사하더라도, 전반적으로『성과 속』은 현상학적 심리학의 입장에서 수행된 연구처럼 보이는 것이 사실이다. 부분적으로 초월론적 현상학의 분석이 시사되기는 하지만 전체적으로는 현상학적 심리학의 기술記述로 읽히며, 드물지 않게 두 차원이 오락가락하는 모습이 엿보이기도 한다. 왜냐하면 엘리아데는 철학자가 아니고 다만 종교학자이기에, 자신이 수행하는 종교 연구의 철학적 기초인 존재론과 방법론을 엄밀히 하는 일에 별반 주의를 기울이지 않았기 때문이다.

그러나 이러한 평가가 결코 엘리아데의 흠결을 지적하거나 그를 비난하는 것으로 오해되어서는 안 된다. 나는 그의 종교학 연구가 비록 방법적·형식적으로 체계적이지 않다는 한계가 없지는 않으나, 내용적·실질적으로는 다분히 현상학적 문제의식에 따라 전개되고 있다고 생각한다. 바꾸어 말해『성과 속』에서의 엘리아데는 그 어떠한 현상학자보다도 더 현상학적인 성격의 연구를 수행하면서, 현상학적 직관에 따라 종교적 체험의 본질로서의 성현이라는 사태를 구체적이고 생생하게 기술한다. 그런 점에서 엘리아데의 종교학을 '종교현상학'으로 평가하는 데에는 아무런 하자나 무리가 없는 것이다.

요컨대 나는 엘리아데가 『성과 속』에서 원용한 것으로 추정되는 현상학적 방법을 네 단계로 제시하였다. 첫째, 객관주의적·실증주의적 선입견에서 벗어나 인간의 의식·마음·체험·삶을 탐구하기 위해 현상학적 판단중지를 수행하였다. 둘째, 삶에서 체험할 수 있는 다양한 의미 중에서 비종교적 태도를 도외시하고 오직 종교적 태도를 취할 때 드러나는 의미에만 주목하기 위해 현상학적 태도변경을 수행하였다. 셋째, 특정한 종교를 사실적으로 연구하는 것이 아니라, 역사·문화적으로 다양하게 존재하는 종교 전통을 관통하는 핵심 원리 내지는 보편적 구조를 파악하기 위해 현상학적 본질직관을 수행하였다. 넷째, 종교적 인간이 궁극적으로 어떠한 존재인지를 드러내기 위해 초월론적 현상학적 환원을 수행하였다. 이상의 네 가지 현상학적 방법을 염두에 두면서 엘리아데의 『성과 속』을 본격적으로 살펴보자.

3장

—

종교적 체험의 본질로서의 성현

1. 성과 속의 변증법

먼저 '俗(속)'이란 원래 사람들의 풍습을 가리키는 말로, 의미를 나타내는 요소인 '人(인)'과 소리를 나타내는 요소인 '谷(곡)'이 결합하여 만들어졌으며, 후에 '평범하다' '천하다'라는 확장된 뜻을 가지게 되었다고 한다. 한편 서양 언어에서 'the profane'의 어원은 'pro(앞으로)'와 'fan(사원/신적인 것)'인데, 사원에서 밖으로 나왔거나 또는 신적인 것의 앞에 머물고 있을 뿐 안으로 들어가지 못함을 일컫는다고 한다. 그러므로 원의는 '배

우지 못함' '무지함'이며, '경건하지 않음'이나 '신성모독'이라는 확장된 의미를 지닌다.

한국어에서는 '세속적이다' 또는 '속되다'라는 단어가 으레 부정적인 어감과 결부되어 쓰이지만, 기본적으로 이 단어는 중립적 뉘앙스를 띠는 '평범平凡' 내지 '범속凡俗', 즉 '일상 세계에 속한 것'을 지칭한다. 그런 점에서 비록 엘리아데는 『성과 속』의 제목에서 속에 해당하는 단어에 'profane'을 골랐지만, 거기에는 '세상에 속한 것' '일상적인 것'을 지칭하는 'secular' 'mundane'의 의미도 포함되어 있다고 보아야 한다. 하지만 그렇다 하더라도 속은 진정으로 가치 있거나 참된 것이 아니라는 의미에서, 허상·거짓·가상이라는 뉘앙스로부터 자유롭지 않다는 점을 반드시 염두에 두어야 할 것이다.

다음으로 '聖(성)'의 어원은 "언덕(土) 위에 서서 하늘(天)의 말씀을 귀(耳)로 듣고 그것을 사람들에게 입(口)으로 전하는 사람(人)"을 가리키는 것이라고 하며, 이耳와 정呈을 합한 형성 문자로 귀를 통하여 마음에 들어오는 것을 뜻한다고 풀이하기도 한다. 즉 하늘의 소리를 듣고 마음으로 받아들여 신神과 통通하지 않음이 없는 것이 바로 성이므로, 성은 일상의 경험

을 넘어서는 고도의 초월성을 의미하며 수행을 통해 도달해
야 하는 이상적 상태를 지칭하는 것이다.

다른 한편 서양 언어에서 'the sacred'의 어근 'sac'은 보이지
도 않고 만질 수도 없는 어떤 초월적인 것과의 관계를 뜻한
다고 한다. 희생犧牲을 뜻하는 'sacrifice'는 초월적인 존재에게
바치는 제물과 관련이 깊다. 또 독일어에서 성을 뜻하는 'das
Heilige'의 'heilig'는 거룩하다는 의미를 지녔는데 영어 'holy'와
공통의 어근 'hal'을 갖는다. 언어적 변천을 고찰하는 경우 철
자의 유사성보다 발음의 유사성에 우선하여 해석하는 것이
적절한 경우가 많은데, 여기서 'hal'은 모든 것을 아우르는 전
체로서의 '완전함'을 뜻하는 'whole' 그리고 치유나 건강의 관
점에서 '온전함'을 뜻하는 'heal'과 의미상 같은 계열의 어근
이다.

이상을 종합하면 성스러운 것은 가시적 경험 세계, 즉 현
실적인 일상의 세계 너머에 있는 비가시적이면서도 초월적인
영역을 지시한다. 현실적인 '속'의 세계는 부분적이며 불완전
하며 온전하지 못한 것이지만 '성'의 영역은 이와는 전적으로
다른 것으로, 전체적이며 완전하며 온전한 것이다. 즉 감각기

관을 통해 경험할 수 있는 가시적인 현실 세계, 눈으로 보고 귀로 듣고 손으로 만질 수 있는 일상적 삶의 세계 너머에는 질적으로 완전히 차별화되는 비가시적 영역, 전체성·완전성·온전성이 보증되는 초월적 영역이 존재한다. 그러므로 존재론적 관점에서 보았을 때, 엘리아데의 『성과 속』은 다음과 같은 이분법적 구도를 취하고 있다.

성聖, the sacred, das Heilige

세상을 넘어서 있는 것, 세상과는 전적으로 다른 것,
비가시적인 것, 초월적인 것, 현실 너머에 있는 것,
전체적인 것, 완전한 것, 가치 있는 것,
삶에서 도달해야 할 것(이상적인 것)

존재론적 이분법 ⇕ 상호 대립적 관계

속俗, the profane, the secular

세상에 속한 것, 평범한 것, 범속한 것,
가시적인 것, 경험적인 것, 현실적인 것,
부분적인 것, 불완전한 것, 헛된 것,
삶에서 경험하는 것(일상적인 것)

그런데 이렇게 존재론적으로 대립하는 것 사이에는 변증법辨證法, dialectic이 존재한다. 철학의 전문용어 '변증법'을 정확히 설명하기는 무척 까다롭지만, 여기서는 일단 서로 모순·대립하는 것이 하나로 통일되고 다시 분열하면서 변화·운동하는 상호작용 정도로 이해해도 무방하다. 즉 엘리아데는 한편으로 성과 속의 존재론적 대립을 말하지만, 다른 한편으로는 "성과 속의 변증법"이라는 개념을 통해 성과 속이 분열하고 통일되는 상호작용을 논한다. 그런데 이러한 성과 속의 변증법을 생생하게 체험하고 직관할 수 있게끔 해 주는 것이 바로 앞에서 살펴보았던 현상학적 태도변경이다.

엘리아데에 따르면, 성과 속의 변증법은 범속한 사물에 불과한 것이 돌연 가치가 변화하면서 성스러운 의미를 지닌 것으로 전환되는 사태를 지칭한다. 바꾸어 말하면 본디 성스러운 것은 세속적인 것과 원리상 구별되지만, 역설적으로 전자는 후자를 '통해서through' '후자와 '더불어with', 그리고 후자 '안에서in'만 자신의 모습을 드러낸다. 혹시 신앙을 가지고 있거나 눈치가 빠른 독자라면 알아챘겠지만 내가 여기서 강조한 '통해서' '더불어' '안에서'라는 부사는 가톨릭 미사의 기도문

일부를 차용한 것이다.

단적으로 "예수는 인간人間인가 신神인가?"라는 물음에 대한 답을 생각해 보자. 인간성과 신성은 전적으로 다른 것으로 하나의 존재 안에서 양립할 수 없으며, 그런 점에서 대립하는 모순의 관계에 있다. 그러나 그리스도교 교리에 따르면 예수는 '인간의 모습으로 온 신'이다. 이것은 논리적으로 명백히 형용모순인데, 왜냐하면 신은 전재·전지·전능·전선한 절대적 존재로서 그 어떠한 형체나 물성을 지녀서는 안 되기 때문이다. 마치 노자老子『도덕경道德經』의 첫 구절 "도가도비상도, 명가명비상명道可道非常道, 名可名非常名"에서처럼 특정한 형태를 띠고 가시적인 물질세계에 편입되는 순간, 그것은 이미 무제약적인 존재일 수가 없는 것이다. 도대체 뼈와 살과 피로 이루어진 '사람의 아들'이 어떻게 신일 수가 있단 말인가?

그러나 독실한 그리스도교 신자는 인간의 육신을 가진 예수가 죽어 가며 흘린 피에서 '신의 아들'로서의 신성을 체험한다. 볼 수 없는 것을 믿어야 하는 것이 종교라지만 유한한 인간으로서는 보아야만 믿을 수 있는 것이 사실이다. 유한한 존재인 인간은 절대적인 것 그 자체를 문자 그대로 '직접' 체험하는 것이 불가능하다. 오직 유한한 것을 '매개로' 해서만 절대적인 것을 체험할 수 있다. 요컨대 유한한 인간이 '무한한 것'을 체험하는 것은 오직 '유한한 것'을 '통해서'이며, 무한한 것은 유한한 것과 '더불어' 그리고 유한한 것 '안에서' 드러날 수밖에 없는 것이다.[2]

이런 점에 주목하여 엘리아데는 성과 속의 변증법을 "대립하는 것(逆)의 일치" 내지 "대립하는 것이 하나로 통일되는 신비神秘"라고 말한다. 여기서 『성과 속』 전체 맥락을 관통하는 엘리아데의 핵심 개념인 '성현'이 등장하게 된다. 성현聖顯, hierophany이란 문자 그대로 '성스러움hiero이 빛 속에서 나타난다phan'는 뜻이다.[3] 그러니까 일상적인 삶을 살아가는 인간이

---

2 이러한 문제의 기원을 거슬러 올라가면 플라톤의 이분법에 이른다. 잘 알려진 것처럼 플라톤은 '감각(aisthesis)'에 의해 파악되는 현실 세계와 '지성(nous)'에 의해 파악되는 '이데아(idea)'의 세계를 구분한다. 감각은 '주관적 견해(doxa)'를 형성할 뿐이지만 지성은 이데아라는 '객관적 진리(episteme)'를 인식한다. 하지만 플라톤의 존재론적 이분법은 현실에 존재하는 '개별자'와 '보편자'인 이데아가 맺고 있는 관계를 설명하기 곤란한 문제에 부딪힌다. '더불어 지님/함께 가짐(共有)'을 뜻하는 '메텍시스(methexis)', '모방(模倣)'을 뜻하는 '미메시스(mimesis)', '임재(臨在, presence)'를 뜻하는 '파루시아(parousia)' 등의 개념을 동원하여 애를 썼지만 어느 것도 궁극적인 성공이라고 보기 어려우며, 따라서 이 문제는 플라톤 이래 오늘날까지 철학의 최대 난제 중 하나로 남아 있다.

사물·장소·인물 등 현실 세계에 존재하는 범속한 것을 경험할 때, 거기서 돌연 '존재론적 단절斷折'이 일어나면서 의식의 빛 안으로 성스러운 의미가 들어서게 되는 것을 일컫는다.

존재론적 단절 내지 '존재론적 파열破裂'이라는 개념을 좀 더 쉽게 이해하기 위해서 이미지의 도움을 받기로 하자. 요즈음 인터넷에서 유행하는 말로 "만화를 찢고 나온"이라는 관용어가 있다. 가령 메이저리그 출범 이후 한 세기가 넘는 기간 발전을 거듭하여 선수의 역할이 고도로 분업화·전문화된 현대 야구에서, 무려 투타 겸업으로 모든 지표에서 전대미문 최상위 실력을 뽐내고 있는 오타니 쇼헤이大谷翔平를 일컬어 "만화를 찢고 나온" 선수라는 부른다. 참으로 절묘한 표현이 아닐 수 없는데, 왜냐하면 엄연히 현실 속에 존재하지만 그럼에도 매우 비현실적이라고 느껴질 정도로 탁월하게 현실을 초월한 것을 가리키면서, 물리적 지면을 '찢는다'라는 시각화를 통해 존재론적으로 분리된 현실 세계와 초현실적 영역을 하나로

3　'현상학(phenomenology)'이라는 학문 이름의 어원에도 'phen/phan'이 있는데, 그것은 현상학이 의식의 빛에 나타나는 것을 탐구하는 학문이기 때문이다.

연결하고 있기 때문이다.

마찬가지로 우리가 현실에서 감각기관을 통해 지각하는 것은 비록 한낱 인간에 불과한 메시L. Messi의 드리블이지만, 우리는 그가 공을 다루는 발놀림에서 비현실적이라고 느낄 만한 탁월함과 초월성을 본다. 그러한 까닭에 우리는 한 명의 인간일 뿐인 메시를 일컬어 "축구의 신" 또는 "축구 자체"라고 칭송해 마지않는 것이다. 그런데 생각해 보면, 우리가 이상적인 축구 또는 축구 자체의 성스러움을 경험할 수 있는 것은 엄연히 현실 속에 존재하는 선수의 발재간에서다. 그런 점에서 현실이 비록 불완전하고 부분적이며 결함이 있긴 하지만 그 자체로는 부정적이거나 나쁜 것, 평가절하되어야만 할 것은 결코 아니다. 왜냐하면 초현실적인 것은 불완전하고 하자투성이의 현실적인 것을 통해서만 자신의 완전성을 드러내기 때문이다.

2. 일상적인 것에서 출현하는 성스러움의 사례

이제 본격적으로 여러 사례를 들어 『성과 속』에서 엘리아데가 말하는 성현의 개념을 고찰하기로 하자. 미리 조건과 단서를 붙이자면, 내가 앞으로 언급하게 될 여러 사례가 반드시 엘리아데 자신이 직접 제시한 것은 아닐 수도 있다. 때로는 엘리아데의 분석을 원용하겠지만, 많은 부분은 내가 직접 착안한 예시를 활용할 것이다. 그렇게 하는 것은 이 책의 목적이 『성과 속』을 문헌학적으로 철저하게 고찰하는 데에 있지 않고, 교양의 관점에서 독자가 엘리아데의 논의를 수월하게 따라가도록 안내하는 데에 있기 때문이다. 우리가 일상에서 쉽게 접할 수 있는 사례를 보여 주는 것이야말로 엘리아데의 『성과 속』에 접근하기 위한 진입장벽을 낮추는 데에 더욱 효과적일 수 있다.

첫째, '정화수井華水'를 살펴보자. 정화수는 기도를 올리기 위해 이른 새벽 우물에서 길어 온 한 그릇의 물이다. 오늘날에는 거의 찾아볼 수 없는 전통이 되어 버렸지만, 사극을 보면 소원을 빌 때 물 한 그릇을 떠 놓고 지극정성으로 기도하는 장면을 볼 수 있다. 그런데 음용과 세탁을 위해 떠온 물이나, 기도를 올리기 위해 길어 온 물이나 똑같은 우물물이다. 이른 아침에 떠온 물이나 늦은 저녁에 떠온 물이나 동일한 우물물

[그림 6] 정화수(井華水)

이며, 누군가 일부러 독을 풀었다거나 자연환경에 엄청난 변화를 일으킬 만한 사건이 발생하지 않고서야 하루 사이에 우물물의 성분이 극적으로 변할 리 없다. 과학적으로 분석해 보아도 같은 우물에서 퍼 왔다면 물의 성분은 일치할 것이다.

그렇다면 의문이 아닐 수 없다. 객관적으로 볼 때 아무런 차이가 없는 물인데, 잠을 설쳐 가면서 이른 새벽에 길어 온 물로 굳이 기도를 올려야 하는 까닭은 무엇이란 말인가? 비종교인의 태도, 특히 과학적 태도에서 보자면 하등 다를 바 없는 똑같은 물이지만, 성스러움을 추구하는 종교적 관점에서 보자면 양자는 엄연히 다른 물이다. 왜냐하면 일상 생활을 위해 사용하는 물과 달리 기도를 올리기 위해 떠온 정화수에는 정성이 깃든 성스러움이 담겨 있기 때문이다.

식사 중에 실수로 물컵을 엎으면 다시 물을 떠서 마시면 그만이다. 그러나 지극정성으로 며칠간 기도를 올린 물그릇을 엎으면 다른 물을 다시 받아 오는 것으로는 전혀 만회가 되지 않는다. 왜냐하면 거기에는 객관적으로는 설명하기 어려운 뭔가 특별한 가치가 깃들어 있다고 간주되기 때문이다. 오히려 정화수를 엎은 일로 뭔가 나쁜 일이 생기지는 않을까 괜히 우려되기도 하는 것이다. 만약 동종의 다른 것으로 얼마든지 대체·교환이 가능한 것이라면 그러한 불길함은 도대체가 설명이 되지 않는다.

성당에서 볼 수 있는 '성수聖水'도 마찬가지다. 예배당 앞에는 입장하기 전에 몸과 마음을 정결히 하라고 설치한 성수대가 있는데, 객관적으로 말하자면 거기서 나오는 물이나 화장실 수도꼭지를 틀었을 때 나오는 물이나 똑같은 물일 것이다. 같은 수도관을 쓰는 건물에서 수도꼭지마다 다른 성분의 물이 나온다는 것은 상식적으로 말이 되지 않기 때문이다. 그리고 사제가 예배 의식에 사용하는 물 역시 과학적으로 성분을 분석해 보면 똑같은 수돗물일 것이다.

[그림 7] 성수대(聖水臺)

그럼에도 우리는 ① 화장실에서 용변을 처리하는 물, ② 예배당에 입장하기 전에 손을 씻는 물, ③ 사제가 의례에 사용하는 물을 동일한 '의미'의 물로 경험하지 않는다. '속됨'과 '성스러움'의 정도를 기준으로 보자면 속俗 ①〈②〈③ 성聖의 순서로 나열할 수 있는데, 특히 ③은 '축성祝聖'이라고 하여 사제가 기도와 일정한 의례를 통해 성스러움을 부여한 물로서, 도대체가 ①이나 ②와는 같은 반열에 놓일 수도 없고 놓여서도 안 되는 특별한 '가치'를 지닌다.

이처럼 객관적으로는 동일하다 하더라도 '질'의 관점에서 보면 같은 물도 엄연히 다른 의미를 지니는 것으로 체험될 수 있다. 물이 다 '거기서 거기'지 무슨 차이가 있느냐고 생각하는 사람도 있을 것이다. 전적으로 비종교적·객관적(과학적) 태도에서 살아가는 사람에게 물은 다 동일한 'H_2O'일 뿐이다. 그러나 종교적 태도, 의미를 지향하는 태도, 가치를 추구하는 태도에서 살아가는 사람에게는 물이라고 다 같은 물일 수가 없다. 왜냐하면 종교적 인간은 현실에 존재하는 물에서 출현하는 성스러운 의미, 즉 성현을 체험하기 때문이다.

다시 말해 정화수나 성수는 에비앙과 삼다수를 구분하는 정도에서 객관적(과학적) 성분 간의 양적 차이를 갖는 것이 아니다. 설령 수돗물에 불과할지언정 그것은 다른 어떠한 물과도 전적으로 차별되는, 고유하고도 특별한 성스러운 의미·가치 면에서의 질적 차이를 갖는 것이다. 엘리아데의 성현은, 같은 대상을 경험하고 있지만 어떠한 태도와 관점에서 바라보느냐에 따라 그것이 완전히 다른 의미로 체험되는 현상학적 태도변경을 통해서만 설명될 수 있다.

이제 그리스도교의 종교 상징 중 가장 중요한 '십자가'를 살펴보자. 본디 십자가란 로마 시대에 죄인을 사형에 처할 때 사용하는 형틀이었다고 한다. 그러나 예수가 십자가에서 생을 마감한 이후, 십자가는 더 이상 객관적인 의미에서 물리적

도구인 형틀만을 지칭하지 않게 되었다. 그것은 인간을 죄에서 구원하기 위해 기꺼이 목숨을 바친 예수의 보혈이자 인류에 대한 보편적 사랑을 뜻하며, 더 나아가 그리스도교의 진리를 상징하기 때문이다.

우리의 논의와 관련하여 중요한 이야기는 서양에 의해 동아시아에 그리스도교가 전파되는 선교와 박해의 과정에서 확인할 수 있다. 당시 동아시아의 지배권력은 서양에서 유입된 그리스도교가 전통적인 정치체제를 위협한다고 간주하여 반역과 혹세무민의 죄목으로 교인들을 탄압하였다. 그들은 그리스도교인을 색출하는 효과적인 방법으로 십자가를 밟고 지나가게 하는 시험을 치르게 하였는데, 아무런 마음의 거리낌 없이 십자가를 밟고 걸어가는 사람은 목숨을 살려 주고, 차마 그 위를 밟고 지나갈 수 없어 저항하는 사람은 신자임이 확실하다고 단정하여 처형했던 것이다.

문자 그대로 십자가는 나무 등의 소재로 만들어진 십자(十) 형태의 물건이다. 그리스도교인이 아닌 사람에게는 그저 무수히 많은 물건 중의 하나일 뿐, 십자의 형태가 그 자체로 특별한 의미를 지니는 것은 아니다. 그러니 별다른 거부감과 주저도 없이 그것을 밟고 지나가라는 요구에 순순히 응할 수 있다. 그러나 똑같은 대상이 그리스도교인에게는 완전히 다른 의미로 나타난다. 그것은 자신이 믿고 따르는 예수의 가르침, 그리스도교의 진리 그 자체이기 때문이다. 따라서 십자가를 밟는다는 것은 자신의 신앙과 진리 자체를 부정한다는 뜻이며, 그렇기에 십자가는 목숨을 바쳐서라도 포기할 수 없는 성스러운 가치를 지닌 것이다.

서양에서 구마 의식을 치를 때 악령을 내쫓기 위해 십자가를 도구로 사용하는 경우가 있는데, 그것은 십자가가 어떤 의미·가치와 더불어 초월적인 힘을 지니고 있다고 여겨지기 때문이다. 그런데 역설적으로 이러한 성스러움은 현실에 존재하는 물건을 '통해서', 특정한 소재로 만들어진 물체와 '더불어', 물질로 구현된 특정한 형태 '안에서'만 모습을 드러낸다. 편의상 십자가를 예로 들었지만, 다른 종교의 여러 주요한 상징물도 이와 마찬가지다.

이슬람교의 예를 살펴보자. 널리 알려진 것처럼, 이슬람교에서는 먹을 수 있는 음식과 먹을 수 없는 음식의 엄격한 구분이 존재하는데, 전자를 '할랄halal'이라고 하고 후자를 '하람haram'이라고 부른다. 믹을 수 없는 것에는 돼지고기처럼 아예 식용 자체가 금지된 것도 있으나, 우리의 논의와 관련하여 중요한 것은 원리상 금기시되지 않은 식 재료임에도 불구하고 먹을 수 있는 것을 다시 '허락된 것'과 '허락 되지 않은 것'으로 구분한다는 점 이다. 단적으로 닭고기를 예로 들 수 있다. 이슬람교에서도 닭

[그림 8] 할랄 인증 마크

고기는 먹는 것이 금지되어 있지 않을뿐더러 일반 식재료로 널리 사용되기까지 한다. 하지만 그렇다고 아무 닭고기나 조리에 사용할 수 있는 것은 아니다. 무슨 말이냐 하면, 반드시 이슬람 율법에 따라 일정한 의례와 기도의 절차에 의해 도축 된 닭고기만이 먹을 수 있는 것, 즉 '신이 허락한 것'이며, 이러 한 규정을 준수하지 않고 도축된 닭고기는 먹을 수 없는 것, 즉 '신이 허락하지 않은 것'이라는 뜻이다.

이와 관련하여 개인적인 이야기를 소개하려 한다. 대학원

과정을 밟던 시기에 나는 기숙사 생활을 했었는데, 같은 공간을 쓰던 하우스메이트가 이란에서 온 유학생이었다. 어느 날 밤참을 같이하기로 해서 자연스럽게 내가 치킨을 주문하려고 하는데 그가 도저히 먹을 수가 없다고 완강히 거절 의사를 표하였다. 그래서 내가 원래 이슬람교에서는 닭고기 섭취가 금기냐고 물었더니, 그가 답하길 그런 것은 아니고 이슬람 율법에 따라 도축된 것만 먹을 수 있다고 하였다. 그러면서 닭고기를 먹고 싶을 때면 이태원 이슬람 사원 주변에 있는 할랄 푸드 전문점에서 직접 사 온 것만을 조리해 먹는다고 말해 주었다.

이슬람 신앙이 없는 한국인에게는 프랜차이즈 업체의 배달 치킨이나 마트에서 구매해 조리한 육계나, 할랄 푸드 전문점에서 구입한 닭고기로 만든 음식이나 그 형질만 보았을 때는 '거기서 거기'다. 닭은 모두 같은 닭이며, 양두구육식으로 비둘기나 까마귀 고기를 파는 것만 아니라면 얼마든지 다른 닭으로 대체·교환이 가능하다. 그러나 율법을 철저하게 준수하는 이슬람교도에게는 같은 닭고기라도 전혀 같지가 않다. 이 말은 명백히 형용모순이다. 같으면서 동시에 같지 않다는 것은 논리적으로 양립할 수 없는 둘을 한데 뒤섞어 버리기 때문이다. 그러나 엘리아데가 말하는 성과 속의 변증법의 관점에서 보면 결코 모순이 아니다. 왜냐하면 현상학적 태도변경에 따라 동일한 사물이라도 엄연히 체험된 의미가 달라지기 때문이다.

일반적인 방법으로 도축된 뒤 마트로 납품되는 닭고기와 율법에 따른 의식을 치르고 도축된 뒤 생산·납품되는 닭고기는, 이슬람교도의 눈에 전혀 같은 가치를 지닐 수가 없다. 위생·안전이라는 자연과학적 관점에서 식재료로 사용하는 데에 객관적으로 아무런 하자가 없다 하더라도, 의미의 관점에서 전자는 신이 허락하지 않아 먹을 수 없는 음식인 '하람'인 반면, 후자만이 신이 허락하여 먹을 수 있는 음식인 '할랄'이기 때문이다.

다음은 할랄 인증을 받아 한국에서 유통되는 통닭의 사진이다. 통닭을 'whole chicken'으로 번역하였는데, 농담처럼 들릴 수 있지만 내가 보기엔 이것의 의미가 자못 예사롭지 않다. 왜냐하면 여기서 한국어 '통'을 번역한 'whole'이 부분이나 조각으로 나뉘지 않은 전체를 뜻하기도 하지만, 앞서 우리가 고찰한 성스러움의 의미를 상기한다면 완전하고 온전한 것을 뜻하기도 하기 때문이다. 즉 이슬람교도에게는 오직 할랄 통닭만이 먹을 수 있는 닭고기인데, 그것은 단지 육계를 부위별로 절단하지 않았다는

[그림 9] 한국에서 유통되는 할랄 인증 통닭

물리적인 의미에서가 아니라, 신이 허락했다는 점에서 완전함과 온전함이 깃든 성스러운 것이기 때문이다.

위에서 몇 가지 사례를 살펴보았지만, 이와 같은 예는 무수히 많이 찾아볼 수 있다. 가령 한국 민속에서 서낭당 곁에 있는 신목神木은 그저 동네 어귀에 서 있는 여러 나무 중 한 그루에 불과하지만, 땔감이 필요하다고 하여 베어 버린 뒤 다른 나무로 대체할 수 있는 일반적인 나무가 아니다. 왜냐하면 거기에는 다른 나무에는 없는 특별한 신성이 깃들어 있다고 여기기 때문이다.

유교 전통에서 제사를 지내기 위해 진설을 하다가 제수祭需가 땅에 떨어지면 결코 그것을 상 위에 올리지 않는다. 먼지를 털어 내고 다시 상에 올린다고 객관적으로 달라질 것은 없는데, 그도 그럴 것이 방금 전에 같은 주방에서 조리한 동일한 음식이기 때문이다. 그러나 유교 전통에 익숙한 한국인으로서 최소한의 예의와 상식을 갖춘 사람이라면 누구라도 바닥에 떨어진 것을 다시 조상신께 올리는 것이 부적절하다고 여기게 마련이다.

힌두교 문화권에서는 오른손과 왼손의 구분이 있다. 오른손은 음식을 먹는 데에 사용하며, 왼손은 용변을 처리하는 데에 사용한다. 하지만 한국인이 인도를 여행하다가 왼손으로 밥을 먹는다고 해서 경천동지할 큰 사건이 일어나는 것은 아니다. 어느 쪽 손을 써서 밥을 먹든 생리학적으로는 동일한 소화작용을 거쳐 에너지원으로 쓰이기는 매한가지다. 그러나 인도의 정신세계에서 좌우의 구분은 결코 양보할 수 없는 진지하고도 심각한 문제다. 왜냐하면 오른손은 신성한 용도에, 왼손은 불결한 용도에 사용하도록 의미·가치가 규정되어 있기 때문이다.

성聖, the sacred, das Heilige

세상을 넘어서 있는 것, 세상과는 전적으로 다른 것,
비가시적인 것, 초월적인 것, 현실 너머에 있는 것,
전체적인 것, 완전한 것, 가치 있는 것,
삶에서 도달해야 할 것(이상적인 것)

성현聖顯, hierophany

‖

성과 속의 변증법

‖

서로 대립하는 것(逆)이 일치하는 신비神祕

‖

세속적인 것에서(통해서, 더불어, 안에서) 성스러운 것이 출현

속俗, the profane, the secular

세상에 속한 것, 평범한 것, 범속한 것,
가시적인 것, 경험적인 것, 현실적인 것,
부분적인 것, 불완전한 것, 헛된 것,
이미 살아가고 있는 것(일상적인 것)

이처럼 역사적·문화적·개인적 다양성에도 불구하고 인간의 모든 종교적 체험에는 일정한 형태를 띠고 반복적으로 드러나는 본질로서의 보편적 구조가 존재하는데, 그것은 바로

성과 속의 존재론적 구분이다. 성과 속의 대립은 인간의 삶에서 하나로 통일되어 있다. 종교가 추구하는 성스러움이라는 의미·가치는 일상적인 것을 '통해서', 평범한 것과 '더불어서', 세속적인 것 '안에서' 출현한다. 이렇게 현실 세계에 존재하는 범속한 것에서 성스러움이 출현하는 성현의 현상을 엘리아데는 존재론적 단절·파열이라는 개념으로 설명하는데, 내 생각에는 현상학적 태도변경을 적용하여 이해하는 것이 더욱 적절하다고 생각한다.

그런데 속에서 성으로의 종교적 태도변경이 언제나 명료한 의식 속에서 이루어지는 것은 아니다. 오히려 우리의 일상적 삶의 기저에는 속을 초월하여 성을 추구하는 태도가 무의식적인 양상에서나마 암묵적으로 작동하고 있다. 그리스도교·이슬람교·유교·힌두교 신자이기는커녕 종교에 대해 아무런 관심도 없이 살아가는 지극히 현실적이고 세속적인 사람마저도, 그가 '인간적으로' 또는 '인간답게' 생활하고 있다면 쓰레기통에 버려졌거나 땅에 떨어진 음식을 결코 주워 먹지 않을 것이다. 엘리아데는 그 이유를 다음과 같이 말한다. 아무리 비종교적·과학적·객관적 태도 속에서 '탈脫신성화desacralized'된 삶을 살아가는 현대인이라 하더라도, 인간은 본성상 '종교적 인간homo religious'으로서 일상의 삶에서조차 초월적 의미를 지향하고 성스러움의 가치를 추구하는 일로부터 완전히 자유로울 수 없기 때문이다. 이제 우리는 본격적으로 『성과 속』을 한 장씩 살펴보면서 과연 그러한지 살펴볼 것이다.

4장

—

성스러운 공간

먼저 공간의 성현, 즉 성스러운 공간의 체험을 살펴보기로 하자. 엘리아데의 『성과 속』에서 가장 먼저 등장하는 1장의 공간 분석을 나는 이 책에서 가장 중요한 부분으로 평가한다. 공간은 눈에 보이는 것이므로 엘리아데의 형이상학적 논의를 시각화하여 이해하기가 수월하기 때문인데, 이러한 이미지는 심미적 아름다움을 제공한다. 더욱이 이처럼 시각적 이미지를 통해 공간에서의 성현을 정확히 이해하는 것은, 이후 시간·자연·인간을 분석하는 논의의 맥락과 결을 따라가는 데에 중요한 나침반의 역할을 한다.

1. 공간의 존재론적 단절

　흔히 공간은 '객관적으로' 주어져 있는 것으로 간주된다. 그러니까 우리의 일반적 상식에 비추어 보면 높이, 너비, 깊이의 세 차원으로 이루어진 객관적 공간 안에 우리가 들어가 살고 있는 것이다. 이렇게 3차원의 좌표평면에 나타낼 수 있는 기하학적 공간은 '균질적homogenous'이다. 일상의 언어에서 '균질하다'는 표현은 긍정적인 뉘앙스로 사용되는 경우가 많다. 가령 어떤 공장에서 생산되는 제품의 품질이 균질한 것은 매우 바람직한 일이다. 하지만 『성과 속』에서 엘리아데가 반복적으로 사용하는 '균질성'은 오히려 부정적인 뉘앙스를 갖는다는 점에 유의해야 한다.

　왜냐하면 균질적이라는 말은 장소가 갖는 질적 차별성, 즉 질적 관점에서 서로 차별화되는 의미가 존재하지 않는다는 뜻이기 때문이다. 균질적 공간에서는 양화된 수치로 표현되는 좌표값(x, y, z)에 형식적·상대적 위치만이 존재할 뿐, 질적·내용적 면에서 '여기'와 '저기'가 다른 것과 차별화되는 특별한 의미를 지니지 않는다. 다시 말해 절대적 가치의 차등이라는 관점에서 서로 구분되는 것이 아니라는 뜻이다.

가령 2차원의 평면을 예시로 생각해 보자. 여기 종이 한 장이 있다. 흰 종이 위에 위치가 다른 점 여러 개를 무작위로 찍으면, 그 사이에 더 중요하고 덜 중요한 내용적 차이가 존재하게 되는가? 그렇지 않다. 여기나 저기나 '거기서 거기'다. '거기서 거기'라는 말은 점들의 위치를 서로 바꾸어도 무관하며, 얼마든지 교환이나 대체가 가능하다는 뜻도 된다. 이 점을 저기로 옮기고 저 점을 여기로 옮기더라도 아무런 변화도 일어나지 않는다. 여러 점은 '상대적' 위치만 다를 뿐 그 자체로는 질적으로 차별화되는 아무런 의미나 가치가 존재하지 않는

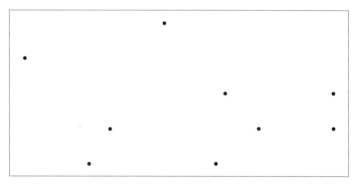

[그림 10] 무작위로 산재하는 균질적인 점들

다. 달리 표현하자면 흰 종이 위에 '무질서'하게 산재하고 있는 모래알처럼 각각의 점들은 '무차등'하며 '무차별'하다. 거기에는 방향과 거리를 가늠할 준거, 즉 차별화된 의미를 지니는 절대적 가치 기준으로서의 특정한 중심점이 존재하지 않으므로, 여기저기 흩어진 모래알이 어떠한 구조나 형태도 이룰 수가 없는 것이다. 엘리아데는 이러한 공간을 가리켜 균질적이라고 말한다.

그런데 흰 종이에서 갑자기 질적 특이점 하나가 출현하는 상황을 생각해 보자. 흰 바탕 위에서 갑자기 특이점 하나가 돌출하면, 그것이 출현한 위치가 하얀 평면상에서 일종의 기준이 되고 중심이 된다. 그리고 기준이 되는 중심점이 출현하는 순간 방금 전까지 그저 점들이 흩어져 있던 흰 종이의 평면은 '중심'과 '주변'이라는 차별적 의미를 지닌 '구조'로 재편된다. 중심점을 기준으로 한 동심원의 구조는 이를 잘 보여 준다. 다시 말해 중심적 '가치'를 지니는 특이점 O가 정해져야만 비로소 다른 모든 점은 그 기준에 비추어서 특정한 '방향' '거리'라는 '의미'를 부여받게 되는 것이다.

종이 위의 무수한 점들 가운데 특정한 점 O를 준거로 해서만 어떤 점이 O에서 북서쪽으로 얼마만큼 떨어져 있으며, 어떤 점이 O에서 남동쪽으로 얼마만큼 떨어져 있는지가 정해진다. 프랑스어에서 '방향'을 뜻하는 단어인 'sens'에는 '의미'라는 뜻도 담겨 있는데, 그런 점에서 특이점 O는

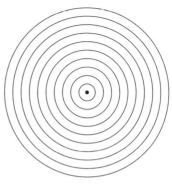

[그림 11] 특이점의 출현과 동심원의 구조

'절댓값'을 지닌 '영점零點'이자 공간상의 다른 모든 점에 특정한 방향과 의미를 부여하는 중심이다. 이렇게 공간의 중심이 상정되어야만 무차별한 점들의 여러 위치가 '이질성'을 지니게 되면서, 동시에 중심과 주변이라는 일정한 '질서'를 갖춘 '구조'와 '형태'로 재편되는 것이다.

이렇게 무차별하고 무질서한 균질적 공간에서, 갑자기 중심과 주변의 차별화된 의미를 띠는 구조적 질서를 지닌 공간이 돌연 출현하게 되는데, 엘리아데는 이것을 공간의 '존재론적 단절'이라고 부른다. 기하학이나 자연과학의 관점에서 주

어져 있는 객관적 공간은 균질적 공간, 즉 속의 공간인 반면, 성의 공간은 방향·구조·형태·질서를 지니는 공간, 즉 종교적 인간이 의미와 더불어 살아가는 공간이다. 종교적 인간은, 돌연 출현하는 중심에 의해 객관적·균질적·일상적 공간이 단절되고 파열을 일으킴으로써 그 절대적 중심의 찢어진 틈으로 비추이는 빛에 의해 성스러운 의미를 체험한다. 이렇게 성스러운 의미가 출현하는 특이점의 장소가 바로 성스러운 공간의 중심, 즉 '성소聖所'가 된다.

그런데 나는 여기에서 한 가지 새로운 해석을 덧붙이고자 한다. 엘리아데는 성과 속의 변증법을 말하기 위해 공간을 속의 공간과 성의 공간으로 이원화하여 설명하고 있다. 그러나 내가 현상학의 관점에서 보기에는 공간을 이원적 구조가 아니라 세 가지 의미층의 구조로 설명하는 것이 더 적절하리라 생각한다. 그리고 이렇게 하는 것은, 엘리아데의 공간 분석에 현상학적 해석을 억지로 끼워 넣는 것이 아니고, 오히려 현상학적 관점에서 공간을 세 가지 층으로 이해할 때에만 엘리아데가 말하는 공간에서의 존재론적 단절과 성과 속의 변증법을 더 정확하게 이해할 수 있겠다고 보았기 때문이다.

종교적 의미로 충만한
성스러운 공간
(진정한 의미, 방향, 형태, 구조)

↑

일상적 삶을 살아가는
일상적 공간
(어느 정도 방향과 형태가 잡혀 있는 의미를 지닌 공간)

↑

자연과학의 눈으로 파악되는
객관적 공간
(무의미, 무방향성, 무형태, 무차별)

위의 그림을 보면 우리가 경험하는 공간은 세 가지 층의 구조를 이루고 있다. 세 가지 층의 구조를 다른 말로 표현하면, 공간이란 것이 세 차원의 의미로 우리에게 체험된다는 뜻이다. 맨 아래층에 놓여 있는 공간은 수학과 기하학의 시선에서 또는 자연과학자가 바라보는 객관적(과학적) 공간이다. 기하학자나 자연과학자가 학문적 탐구를 할 때 상정하는 공간은 철저하게 균질적 공간이며, 엘리아데가 말한 것처럼 이런 공간은 무의미·무방향·무형태·무차별을 특징으로 하는 '전적으로 객관적인' 공간이다.

맨 위층에는 '전적으로 성스러운(종교적)' 공간이 있다. 이것은 중심과 주변이라는 의미·가치의 질적 차이를 통해 의미·방향·형태·구조의 질서를 지니는 공간이다. 중심은 성스러움으로 충만한 장소이며 중심에서 멀어져 주변으로 갈수록 성스러운 의미가 약화된다. 종교인에게는 성스러운 의미로 충만한 특정한 장소가 있으며, 그 장소에서 벗어나 멀리 떨어져 있을수록 성스러움이 덜하게 되는 것이다. 종교인에게는 이른바 '성지聖地'라는 곳이야말로 성스러움의 가치로 충만한 진정으로 의미 있는 곳이며, 거기에서 멀어지면 멀어질수록 성스러움의 가치는 질적인 관점에서 단계적으로 하락하게된다.

그런데 나는 이 두 가지 공간 사이에 '일상적 공간'이라는 것을 추가하고 싶다. 일상적 공간이란 말 그대로 우리가 일상적 삶을 살아가는 현실 내지 속세이며, 그런 점에서 '속의 공간'이다. 하지만 그렇다고 해서 수학과 기하학 및 자연과학의 눈으로 바라보는, 다시 말해 '전적으로 균질적'이라는 의미에서의 과학적 공간은 아니다. 일상적 삶에서 체험하는 공간은 비록 전적으로 종교적 의미로 충만한 성스러운 공간은 아니지만, 그럼에도 성스러운 의미가 출현할 수 있는 또는 성스러운 의미로 탈바꿈될 가능성을 지닌 공간이다. 아직 완전한 모습을 드러낸 것은 아니지만 얼마든지 성스러운 의미가 출현할 수 있는 잠재성을 지닌 터전 또는 아직은 충분하지 않지만 장차 성스러운 의미를 지닌 공간으로 전개될 수 있는 가능성의 지평이라는 점에서, 일상적 공간은 '전적으로 객관적인' 공간도 아니고, '전적으로 성스러운' 공간도 아닌, 양자가 중첩하는 애매성을 지니는 공간인 것이다.

그러나 이러한 회색지대의 성격을 지닌 일상적 공간이야말로 정작 성과 속의 변증법이 일어나는 곳이다. 현상학적 태도변경에 따라 우리는 일상적으로 체험하는 삶의 공간을 한번은 객관적 진리를 추구하는 수학과 기하학과 자연과학의 눈으로 변형시키고, 또 한번은 성스러운 의미를 추구하는 종교인의 눈으로 변형시키는 것이다. 그런 점에서 일상적 공간은 '전적으로 성스러운(종교적)' 공간과의 대비 속에서는 '속'의 공간에 포함되지만, '전적으로 객관적(과학적)인' 공간과의 대비 속에서는 일정 부분 '성'의 공간에 포함된다. 어떤 점에서는 속의 의미를 구분함으로써, 일상적 공간과 과학적 공간을 아우르는 '넓은 의미'의 속과 전적으로 과학적인 공간만을 지칭하는 '좁은 의미'의 속을 구분하는 것도 적절할 것이다.[4]

그런 까닭에 성스러움이 충만하고 결여된 정도를 기준으로 하면 위와 같이 수직적인 세 가지 층의 공간 구조로 표현할 수 있지만, 성과 속이라는 두 차원의 공간이 출현하고 전개될 수 있는 잠재성의 터전이자 가능성의 지평이라는 점에서 보자면 두 차원 사이에 있다고 상정되는 일상적 공간이야말로 훨씬 더 근원적인 성격을 갖는다. 나는 이러한 일상적 공간이야말로 진정으로 엘리아데가 말하는 성과 속의 변증법이

---

4   여기서 말하는 '일상적 공간'은 후설 현상학의 체계에서 '생활세계(life-world)'에 정확히 상응한다. 생활세계는 인간이 일상적 삶을 영위하는 세계로서, 과학의 눈에 드러나 보이는 객관적 세계에 앞서 있는 근원적 영역을 지칭한다. 이후 5장 성스러운 시간, 6장 성스러운 자연, 7장 성스러운 인간에서 다시 한번 확인하겠지만, 이러한 생활세계는 모든 종류의 의미가 출현할 수 있는 잠재성의 터전이자 가능성의 지평이다. 하지만 넓은 의미로 이해하느냐 좁은 의미로 이해하느냐에 따라 생활세계의 범위는 달라질 수 있다. 이에 대해서는 다음을 참고. 신호재, 「종교현상학의 방법적 기초로서의 현상학적 환원: M. 엘리아데의 『성과 속』에서 '속(俗)'의 이중적 의미를 중심으로」, 『철학사상』 제73권, 서울대학교 철학사상연구소, 2019. 8. 31., pp.69-104.

일어나는 삶의 공간이라고 생각한다. 뒤에서 더 자세하게 살펴보겠지만 이것은 엘리아데가 말하는 종교적 인간의 진의를 더욱 잘 드러내는 일이기도 하다.

2. 차별화된 의미로 구조화되는 공간

그러면 이제 일상적 공간에서 성스러움이 출현하는 성현의 공간 체험을, 구체적인 사례를 통해 좀 더 자세히 알아보기로 하자. 단적인 예는 바로 '문지방^{門地枋, threshold}'이다. 문지방은, 우리가 살아가는 공간을 구획하기 위해서 주변과의 경계에 재질이나 높이를 다소 달리하여 바닥에 만들어 놓은 작은 문턱이다. 시대가 변화하는 데에 따라 주거의 형태가 계속 바뀌어 왔기 때문에 요즈음은 이런 문턱이 없는 곳이 많지만, 설령 물리적으로 이러한 문턱이 존재하지 않는다 하더라도 삶의 공간을 구획하는 관념적 경계선은 반드시 존재하게 마련이다. 가령 학교에서 복도와 교실 사이에는 공간을 구분하는 경계선이 있으며, 학교라는 건물도 현관을 경계로 하여 건물 '안'과 '밖'이 구분된다. 마찬가지로 교문이나 울타리는 학교(안)

와 학교가 아닌 곳(밖)을 가르는 일종의 문지방인 셈이다.

그런데 여기서 안과 밖이라는 의미가 출현하는 과정을 생각해 보자. 물리적 관점에서 보자면 복도와 교실은 똑같은 재질로 이루어져 있다. 학교를 시공할 때 구획되는 공간마다 자재를 달리하여 건물을 짓는 것은 누가 봐도 비효율적이며, 연속되는 평면은 기본적으로 철근과 콘크리트라는 똑같은 자재로 이루어져 있다고 봐도 무방하다. 그렇다면 동일한 자재로 이루어진, 심지어 물리적으로 연속되는 바닥 평면임에도 불구하고 우리가 복도와 교실을 구분하는 이유는 무엇일까?

쉬는 시간에 복도에서 신나게 뛰어놀던 아이들이 교실에 들어와서는 조용히 앉아 있는 것은, 수업을 위해 정숙을 유지해야 하는 곳으로서 교실이 복도와 구분되는 특별한 의미가 있는 곳이기 때문이지 않은가? 엘리아데의 방식으로 말하자면, 복도에서 교실로 들어서는 순간 물리적으로 연속선상에 있는 균질적인 공간에서 갑자기 존재론적 단절과 파열이 일어나면서 질적으로 차별화된 의미를 지니는 공간이 나타나고, 그렇게 됨으로써 성스러움으로 충만한 '안'과 지극히 세속적인 의미밖에 지니지 못하는 '밖'으로 구획되는, 즉 구조적 질서를 지닌 공간이 출현하게 되는 것이다.

　다시 말해 문지방은 단순히 객관적 공간을 구획하는 물리적 구분선이 아니다. 오히려 균질한 공간의 단절을 통해 질적으로 완전히 다른 의미의 공간을 창출하는 관념적 경계선이다. 한계점으로서의 문지방은 한편으로 속과 성의 단절이 일어나는 곳임과 동시에 다른 한편으로 속에서 성으로의 초월, 즉 하나의 존재 양식에서 다른 존재 양식으로 이행하는, 성과 속의 변증법이 일어나는 역설의 지점인 것이다. 물리적으로 넘나들지 못할 칸막이를 설치한 것도 아니요, 어떤 점에서 보면 문자 그대로 아무것도 아닌, 그저 관념적으로 그어 놓은 현실적으로 존재하지도 않는 가상의 경계선 하나가, 체험되는 공간의 질적 의미를 완전히 바꾸어 놓는 셈이다. 공을 상대편 진영으로 넘겨 주고받는 스포츠에서 센터라인이나 파울라인이 연속된 평면을 질적으로 구획하여 전적으로 차별화되는 의미를 결정하는 것처럼 말이다.

　또 다른 사례로 외출했다가 귀가하는 경우를 생각해 보자. 한국인은 현관에서 신발을 벗고 안으로 들어간다. 대체로 현관과 거실 사이에는 높이를 달리해서 구조화한 문턱이 있게 마련이다. 굳이 왜 그래야 하는지 이유를 물어보면, "신발을 신고 집에 들어가면 거실이 더러워지니까"라고 답하겠지만, 그것이 충분한 이유가 되지는 않는다. "왜 거실은 더러워지면 안 되는가?"라고 되물을 수 있기 때문이다. 이에 대한 답은 다음과 같다. "거실은 삶이 이루어지는 공간으로서 현관보다 훨씬 더 중요하고 소중한 의미를 지닌 곳이기에, 가능한 한 최대로 청결을 유지해야 하기 때문이다."

어떤 사람은 한국인만 유별나게 신발을 벗고 들어가지 서양인은 신발을 신고 방까지 들어가지 않느냐며 반문할지 모른다. 물론 사회·문화적으로 행동양식에 크고 작은 차이가 존재하는 것은 분명한 사실이다. 하지만 서양의 문화 세계라고 해서 공간 체험에서 안과 밖을 구분하는 물리적·관념적 경계선이 전혀 존재하지 않는다고 말할 수는 없다. 왜냐하면 서양인마저도 현관이라는 문지방을 한계선으로 삼아 안과 밖을 구분하며, 집 안에서는 가족 구성원이 공용으로 생활하는 거실과, 차별화되는 특별한 의미를 지니는 자신만의 방을 구분하기 때문이다. 노숙을 하지 않고 집에 들어와 잠을 자고, 화장실 변기에서가 아니라 식탁에 앉아 밥을 먹는 것 역시 의미에 따라 공간을 구획하는 경계선을 보여 준다.

이상으로 일상적 삶의 공간에서 질적인 의미의 구획을 고찰하였으니, 이제 본격적으로 종교적 의미가 담긴 공간 체험의 사례를 살펴보자. 첫째는 '금줄'이다. 산모가 아이를 출산할 때 남편을 비롯하여 다른 사람의 출입을 엄격히 막기 위해 산실 밖에 쳐 놓는 금줄은, 단순히 객관적 공간을 구획하는 물리적 구분선이 아니다. 순전히 위생적 관점에서 오염을 예방하고자 하는 것으로 해석하는 것도 설득력이 떨어진다. 왜냐하면 고추나 솔잎을 끼워 새끼를 꼬아 만든 금줄만으로는 병원체의 유입을 막기에 역부족이기 때문이다. 의학적 관점에서 공기를 통해 감염되는 전염성 바이러스가 고작 새끼줄이 하나 걸려 있다고 순순히 물러날 리는 만무한 것이다.

하지만 금줄 본연의 의미는 역학疫學과 같은 자연과학적 태도가 아니라 성스러움을 추구하는 종교적 태도에서만 드러날 수 있다. 즉 산모가 아이를 분만하는 공간은 성스러운 의미를 지니며, 따라서 관념적으로나마 부정을 막는 제액의 의미를 담아 세속의 일상적 공간과 구분하는 조치가 불가결하기 때문이다. 한국 영화 《곡성哭聲》에서 악귀의 꾐에 속아 넘어간 주인공이 금줄을 넘어 집 안으로 들어서는 순간 꽃이 곧바로 시들어 버리는 장면은, 성과 속의 공간 구획을 상징적으로 보여 준다.

둘째, 위에서 공간을 질적으로 구획하는 경계선으로서 문지방의 일반적 의미를 살펴보았지만, 한국의 전통문화에서 문지방의 의미는 더욱 상징적이다. 이제는 희석된 전통이 된 지 오래지만, 나만 하더라도 어렸을 때 집안의 어른들로부터 부정 타니까 방에 드나들 때 문지방 밟지 말라는 말씀을 많이 들었다. 문지방이 그저 물리적으로는 연속된 공간을 구획하는 경계선에 불과하지만, 종교적 관념에서 생生과 사死를 가르는 경계선으로 간주되곤 하였기 때문이다.

그러한 까닭에 산 사람이 문지방을 밟는 것은 문자 그대로 죽음의 영역으로 들어가는 것이기에 불길하다고 여겼으며, 정확히 같은 이유에서 망자의 상여가 마지막으로 집을 나설 때는 반드시 문지방을 밟고 넘어가야만 했다. 현대인은 그게 무슨 말도 안 되는 미신이냐며 허튼소리로 치부하겠지만, 한국의 전통문화에서 우리 선조들에게는 문지방에 일상적 공간에 삶과 죽음의 경계라는 성스러운 의미를 부여하는 것이 지극히 자연스러운 삶의 방식이었던 것이다.

셋째, 전형적인 의미에서 성스러운 공간은 교회나 사찰과 같은 종교 건축에서 엿볼 수 있다. 사찰은 보통 산에 있다. 등산로를 따라 산길을 걷다 보면 일주문이 나오는데, 일주문은 사찰 경내로 진입하는 경계의 역할을 한다. 즉 일주문을 경계로 하여 밖은 속세이지만, 경계를 넘어 안으로 들어서면 부처님을 모신 성스러운 영역에 발을 들여놓게 되는 것이다. 이제 사천왕문을 비롯하여 여러 문을 통과할 때마다 점점 사찰의 중심으로 접근하게 되며, 그 중심에는 부처님을 모신 전각이 있다.

바깥에서부터 안으로 진입하여 점점 중심으로 다가서게 되는 이러한 구조를 단순화하면 같은 중심을 가진 여러 겹의 동심원으로 표현된다. 엘리아데의 논의를 적용해 보면 사찰 건축의 중심은 부처님의 자비와 성스러움이 가장 충만한 곳이고, 중심에서 거리가 멀어지면서 문을 하나씩 벗어날수록 그에 비례하여 성스러움이 조금씩 감퇴하다가 일주문을 통과하여 경내에서 완전히 벗어나면 성스러움이 완전히 사라진 속세로 나오게 되는 것이다.

불교를 믿지 않는 비종교인의 입장에서 사찰은 그저 등산로에 인접해 있는 관광 명소 정도의 의미밖에 지니지 않을지 모른다. 그러나 불심이 깊은 신자는 일주문을 통과하면서부터 마음가짐이 달라질 수밖에 없다. 왜냐하면 부처님의 영역, 성스러운 의미로 충만한 경내로 발을 들여놓는 것이기 때문이다. 신실한 불자는 그렇게 경건한 마음으로 발걸음을 옮겨 부처님을 모신 법당에서 기도를 올린다. 수많은 종교 건축이 이와 같은 구조적 형태를 지니고 있으며, 종교적 태도에서 삶을 살아가는 인간은 일상적 삶이 이루어지는 세속의 공간에서 성스러운 의미로 충만한 공간을 체험한다.

3. 카오스와 코스모스

성과 속의 분리와 전환이 이루어지는 공간 구조는 어떤 의미를 담고 있을까? 엘리아데는 이를 '카오스chaos'(혼돈)와 '코스모스cosmos'(질서)의 개념으로 대비시킨다. 카오스는 모든 것이 구분되거나 정리되지 않은 채 무차별하게 뒤죽박죽된 무질서의 상태이며, 중심도 주변도 없고 그래서 아무런 방향도,

의미도, 형태도, 구조도 존재하지 않는, 말 그대로 '혼돈混沌'이다. 반면 코스모스는 '질서'를 뜻한다. 균질하고 무차별한 공간에 돌연 절대적인 요소가 출현하면 다른 곳과 질적으로 차별화되는 '중심'이 생성되는데, 그에 따라 상대성과 혼돈은 종말을 맞이하게 되고 중심을 기준으로 하여 방향과 의미가 결정되는 '주변'이 일련의 형태와 구조를 지닌 질서 속으로 편입된다.

시각적 이미지를 동원하여 상상력을 발휘해 보면, 한 점으로 응축되어 있던 우주가 빅뱅에 의해 계속 팽창하는 모습을 그려 볼 수 있다. 태초에 공간도 시간도 존재하지 않고 한점으로 응축되어 있던 혼돈이 폭발로 인해 팽창하면서 비로소 우주에는 공간과 시간의 질서가 생겨나게 되었다. 우주의 팽창이 의미하는 바는 최초의 폭발을 일으켰던 중심이 존재하며, 그것에서 멀리 떨어져 있는 주변이 존재한다는 것이다. 우리가 살고 있는 우주 공간은 이처럼 중심과 주변으로 형성되는 동심원의 구조를 이루고 있다.

종교적으로 보자면 이처럼 카오스가 종식되고 코스모스가 생성되는 것은 신에 의한 우주의 창조에 비견될 수 있다. 즉

[그림 12] 빅뱅에 의한 우주 창조 상상도

우주 창조란 아무것도 존재하지 않았던 카오스, 즉 '무無'에 절대적 창조자가 질서를 부여함으로써 '유有'를 건설하는 일 이외에 다른 것이 아니다. 그런데 '코스모스'와 '우주宇宙'는 같은 뜻이다. 한자로 우주란 '宇[우(집)]', '宙[주(집)]', 그러니까 말 그대로 '집'을 뜻한다. 즉 코스모스는 인간이 살아가는 집, 바꾸어 말해 중심과 주변의 구조적 질서를 지니고 있어서 인간이 거주하기에 적합한 '세계'를 가리킨다.

문명의 기원을 고찰해 보면 알 수 있는 것처럼, 인간은 질서가 잡혀 있지 않은 야생에서는 도대체가 삶을 영위할 수 없다. 야만은 문명의 빛이 비치지 않는 낯설고 어두운 미지의 영역, 즉 카오스(혼돈)와 다르지 않다. 인류는 이러한 야생·야만을 정복하여 어둠을 물리치고 거기에 질서를 부여하면서 여러 문명을 건설해 왔다. 즉 인간이 거주할 수 있는 곳은 '어둠'이 아니라 '밝음'이며, 인간은 빛 안에서 자신이 살아가는 세계를 건설한다.

엘리아데는 태초에 신이 우주를 창조한 것과 인간이 자신이 살아갈 집을 짓고 세계를 건설하는 것 사이에 '동형성同形性'이 있다고 생각한다. 나아가 이것은 단순히 형태적 유사성만을 뜻하는 것이 아니라, 본질적으로 인간이 신에 의한 세계의 창조를 모방하고 재현하려는 본성을 지니고 있기 때문에 나타난다고 주장한다. 인간이 밀림을 개척하고 황야를 개간하면서 자신이 살아갈 수 있는 곳을 건설하는 행위는 본질적으로 카오스에 질서를 부여하여 코스모스를 창조하는 신의 행위와 다르지 않다는 것이다.

판타지가 가미된 미국 드라마 《왕좌의 게임》을 보면, 인간이 영향력을 미치는 문명사회의 한계에는 거대한 빙벽이 존재하는데, 그것을 넘어서는 영역은 미개척된 야만, 즉 괴물과

성聖	속俗
세계	혼돈
= 코스모스宇宙, cosmos = 질서	= 카오스混沌, chaos = 무질서
= 중심과 주변의 구조적 형태와 방향성을 지닌	= 중심과 주변의 구조적 형태와 방향성이 없는
= 질적으로 차별화된	= 균질적인
= 인간이 거주할 수 있는 (문명·집)	= 인간이 거주할 수 없는 (야생·야만)
= 의미로 충만한, 익숙한	= 무의미한, 미지의, 낯선
= 성스러운 공간	= 일상적(자연적) 공간
= 빛의 공간	= 어둠의 공간

용이 출현하는 어둠의 공간으로 그려진다. 많은 신화에서 반복적으로 등장하는 모티브처럼, 문명과 야만, 질서와 혼돈, 빛과 어둠 사이의 건곤일척의 싸움에서 괴물을 물리치고 혼돈에 빠진 무질서한 인간 세계에 다시 평화를 가져오는 존재는 '영웅'이나 '신'이라 불린다. 즉 '신성화神聖化'란 곧 코스모스화로서, 인간이 집을 짓고 마을을 이루고 문명을 건설하는 모든 행위는 신에 의한 우주 창조를 전범典範으로 삼아 그것을 소규모로 재현함으로써, 자신이 거주하는 세계에 성스러운 의미를

부여하는 일인 것이다.

4. 세계 창조의 근원으로서의 세계의 축

혼돈에 구조적 질서를 부여함으로써 일상적 공간을 넘어서는 성스러운 공간의 창조를 설명하면서 엘리아데가 제시하는 핵심 개념이 바로 "세계의 축*axis mundi*"이다. 세계의 축은 인간이 거주하는 세계 내지는 우주를 수직으로 떠받치고 있는 중심 기둥이다. 즉 카오스를 종식하고 코스모스를 건설하기 위해서 가장 먼저 해야 하는 것은 성스러운 중심점을 잡아 거기에 수직의 기둥을 세워 올리는 일이다. 우리는 다양한 인류의 문화 전통 및 종교 전통에서 이처럼 세계의 축으로 상징되는 존재를 찾아볼 수 있는데, 나무나 산이 대표적이다. 한국의 신화에 따르면 홍익인간을 목적으로 단군이 최초의 국가를 개창한 곳이 바로 태백산 신단수 아래였다고 한다.

이처럼 인류 문명의 시원이라고 알려진 곳이나, 성스러운 의미로 충만한 곳에서 우리는 드물지 않게 신령스러운 산이나 나무가 존재하는 것을 발견할 수 있는데, 이는 바로 지상에서 천상으로의 상승과 초월을 상징하는 수직의 이미지 때문이다. 하늘 아래 있는 땅이 여기나 저기나 다 비슷한 것 같아도, 다른 곳과 달리 천상에 가까이 다가갈 수 있는 특별히 성스러운 장소가 있는데, 이곳이 바로 세계의 중심이자 세계의 축인 것이다. 앞서 중심과 함께 출현하는 질적 차별성을 지니는 공간의 구조를 동심원으로 나타냈는데, 여기에 수직의 축을 더하면 높이를 지닌 원뿔 구조가 된다.

이러한 원뿔 구조에서 하늘과 가장 가깝기에 가장 성스러운 의미를 지니게 되는 곳이 바로 정상頂上이다. 아라라트산, 백두산, 후지산과 같은 자연적 존재만이 아니라 피라미드, 지구라트 등 신전이나 사원으로 건립된 인공적 건축물이 하늘을 향해 높이 솟은 형태를 띠는 것은 바로 거기가 성스러움으로 충만한 세계의 중심이자 세계의 축을 상징하기 때문이다.

수평적 차원에서는 세계의 축을 중심으로 전후좌우의 사방四方이 펼쳐지는데, 이는 균질한 평면에서 질적 특이점으로서의 중심, 즉 방위 설정의 기준이 되는 영점이 결정되어 있어야 가능한 일이다. 그리고 수직적 차원에서는 세계의 축을 중심으로 상하의 방향성이 펼쳐지는데, 이는 지상·천상·지

[그림 13-1] 일본의 후지산

[그림 13-2] 이집트의 피라미드

[그림 13-3] 메소포타미아의 지구라트

하라고 하는 우주의 세 가지 차원을 전개한다. 세계의 중심에
서 발원하는 수평과 수직의 차원을 종합하면 우리가 살고 있
는 세계는 결국 3차원의 구조를 띠게 되며, 궁극적으로 우주
전체는 '구球, sphere'의 이미지로 표상할 수 있다. 빅뱅 이래 무

한히 팽창하고 있는 우주의 이미지나 천구天球의 형태에서 알 수 있는 것처럼 우주는 구의 형태를 이루고 있는 것이다.

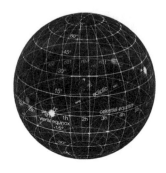

[그림 14] 천구(天球)로 표상되는 우주

구의 중심에 있는 세계의 축에서는 서로 다른 차원 사이에 단절과 교섭이 일어난다. 수평적 차원에서 전후좌우의 사방이 교차하는 곳이 바로 세계의 중심이기도 하거니와, 세계의 축을 따라 지상에서 천상으로의 상승, 천상에서 지상으로의 하강, 지상에서 지하로의 하강, 지하에서 지상으로의 상승이 일어나는 곳 역시 세계의 중심인 것이다. 태초에 신이 창조한 우주가 이러한 구조를 띠고 있다면 신을 모방하는 인간 역시 이러한 구조를 본받아 자신이 살아가는 세계를 건설해야 할 것이다. 일반적으로 건물을 짓기 위해서는 터를 먼저 잡아야만 하는데, 거기가 바로 세계의 중심이다.

한국에서는 터를 잡고 본격적으로 기공을 하기 전에 '고사告

祀'를 지내는 전통 풍습이 있다. 일반적으로 제액을 위해 행하는 것이라고 알려져 있는데, 비록 엘리아데가 한국의 전통문화까지는 알지 못한 것으로 보이지만, 그의 논의를 적용해 보면 흥미로운 해석을 시도할 수 있다. 앞에서 언급한 것처럼, 카오스를 물리치고 코스모스를 건설하는 일은 어둠을 몰아내고 빛을 비추는 것과 같다. 어둠을 몰아내기 위해서는 거기에 살고 있는 괴물을 무찔러야 한다. 신이 원초적인 어둠을 물리치고 빛으로 우주를 창조한 것과 같이, 인간은 괴물을 무찌르고 자신이 거주하는 문명세계를 건설한다.

신이나 신에 근접한 가장 탁월한 인간인 영웅이 괴물을 무찌른 곳은 다른 장소와 차별화되는 아주 성스러운 가치를 지닌다. 즉 세계의 축이 들어서는 중심은 신이나 영웅이 괴물을 죽인 곳으로서의 상징적 의미를 지니는 것이다. 고사를 지낼 때 상에 올리는 돼지머리는 행사 후 허기를 달래려고 준비하는 식재료가 아니다. 엘리아데의 관점을 적용해서 해석하면, 돼지머리는 세계 창조를 모방하고 재현하기 위해 신과 영웅에게 죽임을 당한 괴물을 상징한다. 괴물을 무찌르고 그것을 제물로 바쳤으니, 어찌 신성하지 않을 수 있겠는가? 모든 종류의 희생제의는 이러한 종류의 신성화를 나타낸다. 앞서 3장에서 희생을 뜻하는 'sacrifice'를 '초월적인 것과 관계를 맺음'으로 풀이한 것을 상기하자. 고사를 지냄으로써 이 장소를 신성하게 만든 후에야 비로소 수직으로 기둥을 올리는 것으로 건축이 시작되는 것이다.

개별 건물이 아니라 마을을 건설하는 일을 보아도 마찬가지다. 마을을 건설하기 위해서는 다른 모든 건물의 방향에 기준을 제공하는 중심이 먼저 설정되어야 하는데, 동서남북의 방위가 전개되는 큰길이 교차하는 마을의 중심에는 통상 마을에서 가장 중요한 건물을 짓게 마련이다. 역사적으로 국가의 수도는, 대체로 이러한 길이 교차하는 중심부에 설계되었다. 여러 길이 서로 만나는 교통의 중심에서 자연발생적으로 수도가 생기기도 하지만, 당唐나라의 장안長安과 같이 인공적으로 교차하게끔 길의 구조를 놓은 경우도 많다는 것을 우리는 역사적·고고학적 증거를 통해 확인할 수 있다.

더욱이 수도와 지방을 구분하면서, 지방에서 수도로 이동할 때에는 '올라간다'고 말하고, 수도에서 지방으로 이동할 때에는 '내려간다'고 말하는 것은 실로 의미심장하다. 실제 객관적인 측량에 따르면 강원도 평창이 서울보다 해발고도가 높다. 그럼에도 평창에서 서울로 갈 때에는 '올라가는' 것이 되고, 서울에서 평창으로 갈 때에는 '내려가는' 게 되는 것은 여기서 말하는 높낮이가 지질학적 관점에서의 해발고도가 아니라, 관념적 의미에서 '중심'과 '주변'의 구분이 언어에 반영되기 때문이다. 즉 중심과 주변의 구분은 단순히 평면상의 이질적·차등적 구조화가 아니다. 성과 속의 구분은 수직적인 의미에서 질적 차이에 따른 공간적 형태화를 반드시 수반한다.

행정적으로는 왕궁이나 관공서가 마을의 중심이 되는 경우도 있지만, 종교가 영향력을 강하게 미치던 시대에는 세계의 중심에 교회·성당·사찰·사원과 같은 종교적 건물을 배치했다. 앞서 언급한 것처럼, 종교 건축이 대체로 하늘을 향해 높이 솟은 형태를 띠는 것은 우연이 아니다. 설령 그러한 형태를 띠고 있지 않더라도, 드물지 않게 우리는 천장이 둥근 '돔dome' 형식의 사원을 보게 된다. '천원지방天圓地方'이라는 말처럼, 땅은 사방으로 이루어진 평면이지만, 하늘은 둥근 형태를 띠고 있다.

즉 종교 건축에서 볼 수 있는 돔 형식의 천장은 설령 뽀족

[그림 15-1] 이스탄불의 아야 소피아(Hagia Sophia)

[그림 15-2] 경주의 석굴암

한 형태를 띠지 않는다고 하더라도 하늘을 향한 상승과 초월을 상징하며, 나아가서 '구球'의 형태를 띠는 우주 자체를 상징한다. 따라서 인간이 건설하는 건축물이 모두 신에 의한 세계 창조를 모방하고 재현하는 신성화의 산물이긴 하지만, 그 중에서도 인간이 거주하는 공간 자체를 부단히 정화하고 재성화하는 성스러움이 가장 충만한 건축이 바로 '사원'인 것이다. 왜냐하면 비종교인의 눈에는 사원이 다른 건축물과 다르지 않은 공간처럼 보일지 모르지만, 종교적 태도에서 살아가는 사람에게 사원은 성스러운 우주 자체이기 때문이다.

5. 현대의 탈신성화된 공간

신의 세계 창조를 모방하여 자신이 거주할 세계를 건립한다는 종교적 의미를 담고 있던 인간의 공간 건축은 현대에 이르러 그 의미를 상실하게 되었다. 단적으로 엘리아데는 현대인의 거주를 공간의 탈신성화로 규정한다. 현대 건축의 아버지라 불리는 르 코르뷔지에Le Corbusier가 언명한 것처럼, 현대인에게 "집은 인간이 들어가서 사는 기계"에 불과한 것이 되었다. 근대 산업사회의 대량생산 시스템에 부합하여 종교적 가치가 떨어져 나가면서 공간 체험에서 오로지 기능적 편의성만을 강조하게 되고 만 것이다.

만약 오늘날까지 르 코르뷔지에가 생존해 있었더라면, 현대 건축에 대한 자신의 이상을 가장 잘 구현하고 있는 건축물로 한국의 대표적 주거 형태인 아파트를 꼽지 않았을까 짐작해 본다. 더욱이 한국의 아파트는 기능적 편의성만이 아니라 상품성이 있는 투자수단으로도 주목을 받고 있는데, 상품성을 위해서 중요한 것이 바로 '규격화'와 '표준화'다. 같은 단지에 있는 아파트는 동일한 상품으로서의 가치를 인정받기에 일정한 가격을 형성하며 시장에서 거래될 수 있는 것이다. 그런데 여기서 말한 규격화·표준화는 결국 엘리아데가 말하는 '균질성'과 다르지 않다. 철저하게 기능적 편의성과 시장에서 사고파는 상품으로서의 경제적 가치의 관점에서 보자면, 같은 동의 위층이든 옆 동의 같은 호수든 별반 차이가 없는 것이다.

그러나 이렇게 탈신성화된 현대인의 공간 건축이 과연 전적으로 균질적일 수 있을까? 바꾸어 말하면, 현대적 건물에서

[그림 16] 르 코르뷔지에의 유니테 다비타시옹(Unité d'Habitation)

살아가는 인간의 삶이 완전히 탈신성화될 수 있다고 말할 수 있을까? 엘리아데는 그렇지 않다고 말한다. 비록 현대인의 공간 체험에서 종교적 의미는 물론 다른 여러 삶의 의미가 많은 부분 희석되거나 박탈되어 가고 있음은 분명하지만, 그렇다고 해서 전적으로 탈신성화된 공간 체험이 인간에게 가능한 것은 아니다. 아무리 기능성이나 상품성 면에서 별반 차이가 없다고 하더라도, 같은 아파트 같은 동 같은 라인에서조차 '내

집'과 '옆집'은 엄연히 의미가 다르기 때문이다.

한국어에서 '집'이라는 단어에 대응하는 영어 단어는 두 가지가 있다. 하나는 'house'이고 나머지는 'home'이다. 전자는 물리적 건축물로서의 '객관적 공간'을 뜻하는 반면, 후자는 삶의 의미를 지닌 '거주 공간'을 뜻한다. 전자는 '살buy' 수 있는 공간이지만, 후자는 '사는live' 공간이다. 양자는 반드시 일치하지는 않는데, 가령 상품성만 보고 아파트를 구매하여 되팔아 수익을 얻는 부동산 투자의 경우에는 그 집만이 지닌 고유한 삶의 의미가 전혀 존재하지 않는다. 그것은 얼마든지 유사한 상품으로 대체가 가능하기 때문이다.

반면 시장에서의 상품 가치는 매우 낮다 하더라도, 오랜 세월 내가 거주해 온 집, 손때와 함께 생활의 흔적이 곳곳에 묻어 있는 집, 가족과 함께 만든 추억이 깃든 집은 그야말로 '내 집'이며, 여타의 집들과 등가교환이 불가능하다는 점에서 질적으로 차별되는 고유한 의미를 지닌다. 다른 말로 하면 그것은 내가 거주하는 '생활세계life-world'다. 그렇기에 하루의 일과를 마친 후 우리는 그저 객관적인 '건물house'로 들어가는 것이 아니라 의미가 깃든 '보금자리home'로 돌아가는 것이다.

더욱이 아무리 건축자재나 형태 면에서 별 차이가 없다 하더라도, 일단 집 안에는 구성원 각자만의 고유한 삶의 공간이 있다. 엘리아데가, 균질적 공간에서 비균질적 공간이 출현하는 것으로 공간 체험에서의 성과 속의 분리 및 상호 전환을 이야기한 것처럼, 같은 집 안에서도 차별화된 의미를 갖는 공간 구조가 출현한다. 우리는 방 안에서 다시 공간을 구획하여 잠을 자는 장소로서 침대를 놓을 곳, 책 읽고 일하는 장소로서 책상을 놓을 곳, 옷을 보관하는 장소로서 옷장을 둘 곳 등 다시 각기 고유하면서도 차별화되는 의미를 지닌 공간을 재구획하는데, 이것은 객관적이고 균질적인 공간에 의미가 구분되는 일련의 구조적 형태를 부여하는 것이다.

누구나 한번은 경험해 본 적이 있을 테지만, 이사한 당일처럼 온갖 잡동사니가 마구잡이로 늘어져 있는 곳에서는 누구라도 '인간답게' 살 수 없다. 그렇기에 모든 것은 그때마다의 삶의 체험이 이루어질 수 있도록 다양하게 차별화된 의미와 질서를 지닌 구조화된 공간으로 정리·정돈되어야 한다. 인간은 그렇게 의미의 체계로 질서 잡힌 세계에서만 거주할 수 있으며, 삶을 영위할 수 있는 것이다. 엘리아데의 분석을 원용하자면, 이것은 카오스(혼돈)에 종말을 고하고 코스모스(질서)를 창조하는 것과 다르지 않다.

결국, 아무리 탈신성화되어 가는 현대 문명이라 하더라도 문자 그대로의 의미에서 완전히 탈신성화된 공간은 결코 존재할 수 없다. 비록 사원과 같이 전적으로 종교적 의미로 충만한 건축물에서 이루어지는 성스러운 체험이 아니라 하더라도, 인간은 세속의 일상적 공간에서조차 여전히 그 나름의 성과 속의 구조를 전제하면서 살아간다. 이것은 신에 의한 우주 창조를 모방하고 재현하려는 인간의 본성에 기인한다. 그러므로 공간 안에서의 질적 의미, 삶의 가치가 서로 분리·통합·전환되는 성과 속의 변증법은 종교적 인간이 자신이 살아가는 세계를 구성하는 데에서 핵심적인 역할을 한다.

5장

——

성스러운 시간

눈앞에 펼쳐져 있는 공간은 눈을 통해 지각되기 때문에, 이미지의 도움을 받아 공간 체험에서 일어나는 성과 속의 변증법을 이해하는 일이 어렵지 않았을 것이다. 이제 일상적 공간에서 성스러운 공간을 출현하게 한 관점과 논리를 '시간' 체험에 적용하여 분석할 차례다. 엘리아데가 말하는 성현의 기본 원리를 놓치지만 않는다면 그다지 어려운 내용은 없으리라 생각하지만, 연속된 흐름 속에 있는 시간은 시각적으로 표현하기가 어렵기에, 시간 체험에서의 성현을 이해하기 위해서는 공간 체험에서보다 약간의 상상력을 더 필요로 한다.

1. 시간의 존재론적 단절

공간과 마찬가지로 종교적 인간에게 시간은 객관적인 것
이 아니다. 종교적 인간은 '균질적' 시간 흐름에 균열과 단절
이 일어나 완전히 '이질적' 의미가 출현하는 시간을 경험한다.
즉 일상적으로 흘러가는 '세속의 시간'에서, 종교적 의미가 출
현하는 '성스러운(종교적) 시간'을 체험하는 것이다. 나는 앞서
4장에서 공간 체험을 세 가지 층의 의미 구조로 해설한 바 있
는데, 엘리아데가 말하는 시간에서의 성현 역시 세 가지 층의
구조로 나타낼 것이다. 비록 엘리아데가 변증법이라는 개념
으로 성과 속의 이원적 대립과 통일을 설명하고 있지만, 현상
학적 태도변경에 의한 양자의 상호 전환을 정확하게 이해하
기 위해서는, 두 가지 층이 아닌 세 가지 층의 구조로 이해하
는 것이 적절하고 효과적이기 때문이다.

우리는 시간을 세 가지 차원에서 경험한다. 맨 아래층에
놓여 있는 시간은 우주론적 시각에서 또는 물리학자가 탐구
하는 '객관적(과학적) 시간'이다. 천체물리학자가 또는 그 밖의
자연과학 분야의 연구자가 학문적 탐구를 수행할 때 상정하

종교적 의미로 충만한
성스러운 시간
(세계 창조, 축제, 가역적,
흐르지 않는 영원한 시간)

↑

일상적 삶을 살아가는
일상적 시간
(일과나 인생처럼 의미, 리듬, 맥락의 형태를 지니는
어느 정도 마디로 구조화된 흐름의 시간)

↑

자연과학의 눈으로 파악되는
객관적 시간
(물리적 빅뱅 이후 맹목적으로 흘러가는 무의미하고 무차별한 비가역적 시간)

는 시간은 우주의 기원이라 일컬어지는 빅뱅 이후 현재까지 끊임없이 지속하면서 흘러가는 객관적 시간이다. 이러한 시간은 '균질적'인데, 왜냐하면 간단없는 시간의 흐름 속에서 먼저와 나중은 그저 순간순간 자리바꿈을 통해 위치가 교체되는 '상대적' 선후관계에 있을 뿐, 어떤 특정한 시점이 여타의

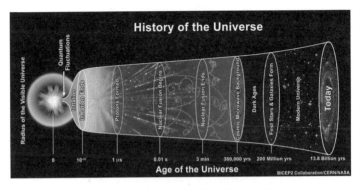

[그림 17] 비가역적 시간으로서의 우주의 역사

시점에 비해 질적으로 특별한 의미나 절대적 가치를 지니는
것은 아니기 때문이다. 또한 객관적 시간은 '비가역적'이다.
왜냐하면 우주의 탄생 이래 시간은 오로지 한 방향으로만 흐
르며, 따라서 시간의 맹목적 흐름을 거스르거나 이미 지나간
시간을 반복한다는 것은 가능하지 않기 때문이다.

　그러나 인간이 체험하는 시간에 오직 과학적 시간, 즉 객
관적 시간만 있는 것은 아니다. 인간은 일상적인 시간의 흐름
속에서 살아간다. 하루의 일과를 보면, 우리는 통상 아침에
기상하여 직장에서 일을 하다가 귀가하여 휴식을 취한 뒤 밤
에는 잠자리에 든다. 그리고 다음 날이면 똑같은 루틴을 반복

한다. 마치 '다람쥐 쳇바퀴'처럼 반복되는 일과 속에서 우리는 "하루하루가 어떻게 흘러가는지 모르겠다"고 말하거나 "무미건조해서 사는 맛이 안 난다"거나 "삶의 의미나 목적을 모르겠다"며 푸념을 늘어놓기도 한다.

그러나 단조롭게 흘러가는 것처럼 느껴지는 일상의 시간 속에서도 우리는 그때마다 질적으로 차별화되고 마디로 구분되며 맥동 속에서 지속을 형성하는, 구조화된 시간을 체험하고 있다. 바꾸어 말해 우리는 기상·출근·근무·퇴근·휴식·수면 등 다른 마디와 차별화되는 의미의 시간을, 그것도 하루·일주일·한 달·일 년 등의 단위로 일정하게 반복되는 리듬 속에서 살아가고 있는 것이다.

이러한 시간 체험은 스케일이 클수록 더욱 두드러진다. 사람은 누구나 탄생 이래, 유아기·아동기·청소년기·청년기·중년기·장년기·노년기를 지나 생을 마감하는 죽음에 이른다. 인생의 흐름은 결코 균질적인 시간의 맹목적 지속이 아니다. 삶에서 체험하는 각 단계는 그 이전 및 그 이후의 구간과 질적으로 차별화되는 특별하고도 고유한 의미를 지니고 있기 때문이다. 다시 말해 인생이 무미건조하고 단조롭게 느껴지는 일이 다반사이기는 하지만, 그럼에도 우리가 살아가는 일상은 질적으로는 의미·리듬·맥락·형태·마디를 이루면서 지속하는 구조화된 흐름 속에 있는 것이다. 그런 점에서 일상적 시간인 '삶의 시간'은 과학적 시간인 객관적 시간과 구분되는 의미로 이루어진 시간인 것이다.

기상 (시작)	출근	근무	퇴근	휴식	수면 (끝)

탄생 (生)	유아	아동	청소년	청년	중년	장년	노년	죽음 (死)

하지만 이렇게 어느 정도 의미의 마디를 이루는 일상적 시간은 전적으로 또는 진정으로 의미가 있는 시간, 즉 '종교적 시간'과는 전혀 다르다. 사람은 대체로 일상적 시간을 살아가고 있지만, 종교인은 어떤 특별한 순간에 한 단계 더 높은 의미의 시간 차원을 경험하곤 한다. 그것은 바로 종교적 의미로 충만한 시간으로, 무미건조한 것처럼 느껴지는 일상적 시간 속에서 돌연 단조로운 흐름을 파괴하며 삶 전체를 완전히 새롭게 갱신하게 되는, 이른바 새사람이 되는 것처럼 삶에 새로

운 활력을 불어넣게 되는, 질적으로 완전히 차별화되는 시간의 차원이 존재하는 것이다.

앞에서 세 가지 층으로 나타낸 시간 체험의 구조는 앞서 세 가지 층으로 표현했던 세 차원의 공간 체험의 구조에 정확히 상응한다. '일상적 시간'이란 말 그대로 우리가 삶을 살아가는 현실 내지 속세이며, 그런 점에서 속의 시간이다. 하지만 그렇다고 해서 물리학 및 자연과학의 눈으로 바라보는, 다시 말해 전적으로 균질적이라는 의미에서의 '과학적 시간'은 아니다. 일상적 삶에서 체험하는 시간은 비록 전적으로 종교적 의미로 충만한 '성스러운 시간'은 아니지만, 성스러운 의미가 출현할 수 있는 시간이다. 아직 완전한 모습을 드러낸 것은 아니지만 얼마든지 성스러운 의미가 출현할 수 있는 잠재성의 터전 또는 장차 성스러운 의미의 차원이 전개될 가능성의 지평이라는 점에서, 일상적 시간은 전적으로 객관적인 시간도 아니고, 전적으로 성스러운 시간도 아니며 애매하게 중첩하는 회색지대의 성격을 지닌다.

그러나 이러한 일상적 시간이야말로 바로 성과 속의 변증법이 일어나는 곳이다. 우리는 일상적으로 체험하는 시간을 한번은 객관적 진리를 추구하는 물리학과 자연과학의 눈으로, 한번은 성스러운 의미를 추구하는 종교인의 눈으로 변형시키는 것이다. 그런 점에서 일상적 시간은 '전적으로 성스러운(종교적)' 시간과의 대비 속에서는 '속'의 시간에 포함되지만, '전적으로 객관적(과학적)인' 시간과의 대비 속에서는 일정 부분 '성'의 시간에 포함된다. 어떤 점에서는 속의 의미를 구분함으로써, 일상적 시간과 과학적 시간을 아우르는 '넓은 의미'의 속과 전적으로 과학적인 시간만을 지칭하는 '좁은 의미'의 속을 구분하는 것도 적절할 것이다.

그런 까닭에 성스러움이 충만하고 결여된 정도를 기준으로 하면 위와 같이 수직적인 세 가지 층의 시간 구조로 나타낼 수 있지만, 성과 속이라는 두 차원의 시간이 출현하고 전개될 수 있는 잠재성의 터전이자 가능성의 지평이라는 점에서 보자면 두 차원 사이에 있다고 상정되는 일상적 시간이야말로 훨씬 더 근원적인 성격을 갖는다. 나는 이러한 시간이야말로 진정으로 엘리아데가 말하는 '성과 속의 변증법'이 일어나는 삶의 시간이라고 생각한다. 이것은 엘리아데가 말하는 '종교적 인간'의 진의를 더욱 잘 드러내는 일이기도 하다. 어떤 점에서 그러한지 사례를 통해 살펴보기로 하자.

2. 마디와 리듬으로 구조화되는 시간

첫째, 매년 12월 31일은 전 세계 모든 사람에게 특별한 의미를 지닌다. 종교인은 말할 것도 없지만 설령 그 어떠한 종교적 배경을 갖고 있지 않더라도, 사람들은 그날 묵은해를 보내고 새해를 맞이하며 새로운 출발을 기념하는 '송구영신送舊迎新'의 축제를 벌인다. 여기서 '축제'란 단지 먹고 마시며 즐기는 행위만을 뜻하는 것이 아니라, 성스러움의 의미가 담긴 모

[그림 18] 새해 첫날의 일출

든 종류의 의례나 행사를 아울러 지칭한다. 물론 그리스도교인이나 불자들은 예배나 법회에 참석하여 기도를 올리겠지만, 아무런 신앙을 갖지 않고 생활하는 비종교인이라 하더라도 보신각에 모여 제야의 종소리를 듣거나 정동진의 해돋이를 보면서 송구영신을 기념하는 것이다.

그런데 한번 생각해 보자. 객관적으로 보자면, 12월 31일 23시 59분이나 1월 1일 0시 1분이나 특별히 달라지는 것은 없다. 4월 30일이 가고 5월 1일이 오는 것과 마찬가지로, 묵은해가 가고 새해가 왔다고 하여 객관적으로 나의 삶에 당장 큰 변화가 일어나는 것은 아니다. 물리적으로 잇따르는 날짜는 시간의 연속선상에 있는 점에 지나지 않으며, 이전이나 이후나 별로 다를 것 없이 삶이란 그저 계속 흘러가고 있을 뿐이다.

그럼에도 사람들이 송구영신에 특별한 의미를 부여하는 것은 무슨 까닭인가? 그것은 균질적으로 그리고 맹목적으로 그저 흘러가고 있을 뿐인 시간의 흐름 속에서 특정한 시점에만 질적으로 차별화되는 특별한 가치와 절대적 의미를 부여하기 때문이다. 즉 하나의 세계가 종결되고 이제 다시 하나의 세계가 새롭게 시작된다는 관념을 가지고 있는 것이다. 1년

365일, 지구가 생성된 이래 수십억 년 동안 매일 똑같이 뜨고 지는 태양이지만, 12월 31일 저녁 서해의 지평선으로 넘어가는 태양과 1월 1일 아침 동해의 지평선에서 떠오르는 태양은 질적으로 동일한 태양일 수 없다는 뜻이다.

상징의 관점으로 해석하면, 과거의 삶은 이제 지나간 것으로서 '죽음'을 맞이하게 되고, 이제 다시 생명을 부여받은 새로운 삶이 '탄생'하게 된다. 신이 우주를 처음 창조했을 때처럼, 세계의 재탄생에는 새로운 활력과 희망과 기대가 넘쳐흐른다. 겉으로는 달라지는 것이 없어 보이지만, 그럼에도 매우 본질적인 변화가 내면에서 일어난다. 바로 세상을 맞이하는 우리들의 마음이, 삶에 대한 태도가 바뀌게 되는 것이다. 비록 작심삼일로 그치는 일이 다반사이기는 하지만, 그럼에도 새해 첫날에는 으레 누구나 '어제의 나'와는 완전히 다른 '새로운 나'를 그리면서 희망찬 계획을 세운다. 올해에는 정말로 열심히 잘 살아 보겠다고 다짐하면서 말이다. 즉 속죄·정화·제액·기원의 의미를 담아 세계 창조의 순수한 신성성을 회복하려는 성스러운 마음이 바로 송구영신에 담긴 의미인 것이다.

둘째, 생일을 비롯한 각종 기념일을 생각해 보자. '생일'이 문자 그대로 이 세상에 태어난 날만을 지칭한다면, 객관적으로 또 물리적으로 볼 때 그러한 의미의 생일은 매우 특별한 일회적인 사건으로서 이미 지나간 지 오래된 과거에 불과하다. 이러한 의미의 생일은 시간의 흐름을 거슬러 반복 체험할 수 없다는 점에서 비가역성을 갖는다. 그럼에도 우리는 매년 돌아오는 생일을 기념한다. 주기적으로 돌아오는 생일은 엄밀한 의미에서 보자면 진짜 생일이 아니다. 왜냐하면 세상에 태어난 날로서의 생일은 이미 오래전에 지나가 버린 특정한 날만을 지칭하기 때문이다. 그렇다면 우리가 매년 기념한다고 하는 주기적으로 돌아오는 생일은 어떤 의미의 생일일까? 그리고 우리는 그러한 생일을 어떤 이유에서 기념하는 것일까?

앞서 살펴본 송구영신의 원리는 여기에도 적용된다. 그것은 바로 한 세계의 종말과 새로운 세계의 탄생이다. 우리는 생일을 기점으로 하여, 지난 일 년의 삶을 마감하여 상징적인 죽음을 맞고 다시 새로운 삶을 부여받아 새로운 일 년의 힘찬 새출발을 알린다. 과거의 세계가 닫히면서 동시에 새로운 세계가 열리는 것이다. 물론 객관적으로 또 물리적으로 볼 때, 생일을 기념한다고 해서 내 삶이 급격하게 달라지는 일은 좀처럼 일어나지 않는다. '어제의 나'나 '오늘의 나'나, 신체를 구성하는 세포 수준에서의 극히 미시적 변화 말고는 다를 게 없는 '동일한 나'일 뿐이다. 그러나 나는 내 생일을 1년 365일 중의 그저 그런 하루가 아닌 매우 특별한 의미를 지니는 날로 간주하며, 설사 내가 무심코 잊고 지나가는 경우에도 가족과 친구들이 이날을 기억하여 챙겨 주기까지 한다.

매년 반복되는 생일 파티가 식상하고 진부하게 느껴지기도 하지만, 그럼에도 거기에는 삶의 재탄생과 새로운 세계의 출발을 기원하는 성스러운 마음이 담겨 있다. 즉 지난 일 년 동안 묵은 삶을 보내고 원초적 힘으로 충만한 존재로 다시 태어나 앞으로의 일 년을 새로운 마음가짐으로 살아가라는 당부와 기원을 담은 축하인 것이다. 반드시 생일이 아니라 하더라도 축하하는 의미의 결혼기념일이나 추모하는 의미의 제사와 같은 기일忌日의 원리는 모두 마찬가지다. 특정한 날을 기억하고 기념하는 것은 시간의 흐름을 거슬러 삶에서 중요하고 성스러운 의미를 지닌 사건으로 회귀하여 그것을 반복하고 재현한다는 데에 취지가 있다. 그렇게 함으로써 인간은 주기적으로 일상적 시간을 초월하여 질적으로 완전히 차별화되는 성스러운 시간의 흐름에 참여하게 되는 것이다.

3. 세계 창조의 기원으로서의 원초적 시간

엘리아데에 따르면, 성스러운 시간은 신에 의해 우주가 창조된 '태초의 시간'에 비유될 수 있다. 카오스를 종식하고 코스모스를 창조할 때 신은 공간과 더불어 시간도 창조했으며, 공간과 시간이 서로 얽혀서 운행하는 것이 바로 우주의 질서다. 앞서 4장에서 인간의 건축물 가운데 가장 성스러움으로 충만한 건축물이 사원이라고 말한 바 있는데, 엘리아데는 사원과 시간이 동일한 어원을 지니고 있다는 것을 강조한다. 즉 신에 의한 세계 창조가 가장 모범적으로 구현된 공간이 '사원temple'인 것처럼, 사원에서 체험하는 '시간temps'은 신에 의한 세계 창조를 가장 모범적으로 재현하는 성스러움으로 충만한 시간이라는 것이다. 그런 점에서 종교 의례는 가장 성스러운 공간인 사원에서 이루어지는 가장 성스러운 시간 체험인 셈이다.

가령 가톨릭 신자들이 성당에서 미사 때마다 행하는 '영성체' 의례를 생각해 보자. 영성체란 '성스러운 몸(聖體)'을 '받든다(領)'는 뜻으로, 십자가에 못 박혀 숨을 거두기 전날 예수 그리스도가 제자들과 모여서 했던 최후의 만찬을 재현하는 의례다. 성경의 복음서에 의하면 저녁 식사를 하다가 예수는 제자들에게 빵과 포도주를 건네며 다음과 같이 말하였다고 전한다. "이 빵은 너희를 위해 내어 주는 내 살이니 받아먹어라, 이 포도주는 너희를 위하여 내어 주는 내 피이니 받아 마셔라." 그리스도교 교리에 따르면 빵과 포도주는 인류의 속죄와 구원을 위해 기꺼이 몸과 생명을 바친 구세주 예수의 사랑을 상징하며, 따라서 최후의 만찬은 그가 행하였다고 전해지는 수많은 행적 중 그 어떠한 행위보다 고귀하고 성스러운 의미를 드러내 보여 주는 절대적 사건이다.

비록 언제 어디서 그러한 일이 있었는지 객관적으로 검증할 수는 없다고 하더라도, 그것은 매우 오래전에 특정한 장소 특정한 시각에 일어났던, 그런 점에서 다시는 되돌릴 수 없는 시간의 흐름 속에 있는 매우 이례적이고 일회적인 특별한 사건이다. 하지만 가톨릭 신자들은 미사 때마다 영성체 의식을 거행하면서, '지금' 그리고 '여기서' 이미 역사적으로는 오래전에 지나가 버린 성스러운 사건의 현장에서 마치 자신이 제자가 되어 예수를 모시고 만찬에 참여하고 있는 것과 같은 체험을 하게 된다.

과학적 또는 일상적 태도에서 보자면, 의례를 집전하는 신부가 손에 건네주는 빵을 먹거나 포도주 한 모금을 마신다고 내 삶이 당장 급격하게 달라지는 일은 생기지 않는다. 달라지는 게 있다면 먹고 마신 만큼 열량이나 체중이 조금 늘거나 하는 정도의 변화일 것이다. 그러나 종교적 태도에서 살아가는 그리스도교인에게 빵과 포도주는 구세주의 사랑을 상징하는 성스러운 몸과 피이며, 따라서 그것을 주기적으로 먹고 마시는 행위는 속죄와 정화를 통해 매번 구원과 새 생명을 부여받는 성스러운 행위다. 즉 영성체란 과거의 성스러운 의미로 충만했던 시간을 지금 여기서 다시 상징적으로 재현함으로써 마치 새출발을 하는 것과 같이 갱신된 삶을 살아가려는 의례인 것이다.

그런 점에서 성스러운 시간은 '가역적' 시간이다. 물리적으

[그림 19] 영성체를 위한 빵과 포도주

로 시간을 역행할 수는 없지만, 적어도 관념적·상징적으로는 언제든 되돌아가서 반복 체험하는 것이 가능하기 때문이다. 또한 그렇기에 역설적으로 성스러운 시간은 '흐르지 않는' 시간이다. 과학과 일상의 관점에서 문자 그대로 흐르지 않는 것은 아니지만, 아무리 시간이 흐르더라도 그 성스러운 의미가 훼손되거나 변형되지 않고 원본이 영구히 보존되는 '영원한 시간'이기 때문이다. 그런 점에서 성스러운 시간은 '태초의 시간'이기도 하다. 우주가 창조되기 전, 그러니까 태초의 혼돈에는 공간도 시간도 존재하지 않았다. 공간과 마찬가지로 시간 역시 신에 의해 우주가 창조될 때 비로소 흐르기 시작했던 것이다. 그러므로 태초의 시간은 발생적으로는 일체의 시간적 흐름에 선행하면서, 논리적으로는 그 자체로 결코 흐르지 않는 영원의 시간인 것이다.

4. 신화의 재현과 모방으로서의 축제

성스러운 시간에 주기적으로 참여하는 것을 잘 보여 주는 대표적인 사례로 엘리아데는 '축제祝祭'를 언급한다. 여기서 축제란 일상적 시간에서 벗어나 성스러운 시간을 경험하는 모든 의례를 뜻한다. 과거 한국의 전통문화에는 장례나 제사마저도 일종의 축제로 간주하는 풍습이 있었는데, 그런 점을 고려할 때 축제를 반드시 먹고 마시며 즐기는 흥겨운 잔치로만 생각해서는 곤란할 것이다.

이것은 제사의 어원을 살펴보면 이해할 수 있다. '祭(제)'와 '祀(사)'는 두 가지 방식으로 해석할 수 있다고 한다. 먼저 모양에 대한 상형문자 해석으로, '제'는 '고기(肉)'를 '손(又)'으로 '제단(示)'에 정성스레 올리는 모습을 나타내고, '사'는 '제단(示)' 옆에 '꿇어앉아(巳)' 있는 모습을 나타낸다는 것이다. 다른 한편 의미에 대한 표의문자 해석으로, '제'에는 과거에 있었던 일을 내가 잇는다는 의미가 있고, '사'는 '뱀(巳)'이 허물을 벗고 새로운 존재가 되는 것처럼 나 역시 거듭 태어나 올바로 살겠다는 의미를 지닌다고 한다. 어원의 문제는 한자를 전문적으로 연구하는 학자의 몫으로 남겨 두고, 우리는 양자의 의미를 아울러 종합적으로 이해하는 일이 더 중요하리라 본다. 즉 제사란 과거의 것을 계승하고 새로운 존재로 거듭나기 위해서 정성을 다해 치르는 의식인 셈이다.

그런데 앞서 건물 기공식을 앞두고 지내는 고사의 사례에서 살펴본 것처럼, 제사에 바치는 고기는 단순히 식재료라기보다는 신과 영웅이 무찌른 괴물로 해석해 볼 수 있다. 즉 신이 세계를 창조하면서 물리쳤던 존재가 혼돈과 어둠을 상징하는 괴물이었던 것처럼, 제사에서 고기를 바치는 행위는 신에 의한 세계 창조를 모방하고 재현하는 상징적 행위로서의 희생이다. 과거의 계승을 통한 새로운 것의 창조라는 의미를 보여 주는 성스러운 행위인 제사는 일상의 시간적 흐름을 초월하는 '신화적 시간' 속에서 거행된다. 다시 말해 정성을 다해 제사를 지내는 순간만큼은 기계적으로 흘러가는 일상적 시간이 잠시나마 정지된 것처럼 적막을 고하게 되고, 과거의 신화적 사건을 모방하고 재현함으로써 성스러움을 상징적으로 체험하게 되는 것이다.

앞서 말한 것처럼 제사라고 해서 언제나 엄숙하기만 할 필요는 없다. 축제란 왁자지껄하고 흥겨운 잔치를 뜻하기도 하기 때문이다. 분위기는 대조적이지만 근원적인 의미 면에서 비슷하다. 엘리아데는 서양권의 언어에서 축제를 뜻하는 'festival'의 어원을 'fast'로 분석한다. 'fast'는 '금禁한다'는 뜻이다. 아침 식사가 'breakfast'인 이유는 선날 저녁 식사 이후 음식 섭취를 금지한 상태를 유지하다가 다음 날 아침 비로소 공복을 '깨뜨리는break' 행위이기 때문이다. 먹지 못해 배가 고팠는데 다시 음식을 먹으니 어찌 기쁘지 않겠는가? 그래서인지 몰라도, 페스티벌의 또 다른 어원에는 '먹다'를 뜻하는 'fest/feast'가 있다고 한다. 통상 축제나 페스티벌이 먹고 마시는 즐거운 잔치를 넘어 격정적인 광란으로까지 전개되는 것을 보면, 위와 같은 어원 해석은 충분히 납득할 만하다고 생각된다.

중요한 것은, 이러한 어원 분석을 통해 도출할 수 있는 종교적 함의다. 먹는다는 행위는 삶과 밀접하게 연결된다. 우스갯소리로 "먹기 위해 사는가, 살기 위해 먹는가?"를 묻기도 하지만, 분명한 것은 먹는 것과 사는 것은 서로 불가결한 관계에 있으며, 생명을 유지하고 삶을 영위하기 위해서는 먹지 않으면 안 된다는 것이다. 그러므로 종교 상징의 관점에서 보자면, 페스티벌이란 음식을 금하는 죽음의 상태에 있다가, 음식을 먹음으로써 다시 생명을 얻게 되는 부활의 행위로 해석할 수 있다. 물론 일상적 관점 또는 과학적 관점에서는 축제 이전과 이후가 별다른 의미를 지니지 않을 수도 있다. 영양 과

다의 현대 사회에서는 건강한 삶을 위해 살을 빼겠답시고 식단을 조절하고 간헐적으로 금식까지 하는 마당에, 하루 식사를 거른다고 건강이 위협받거나 죽음에 이르는 것은 결코 아니기 때문이다. 하지만 상징의 관점에서 보면 음식 섭취를 통해 새롭게 생명력을 획득하는 행위는 지극히 성스러운 행위다.

축제에 대한 이러한 해석을 공동체로 확장시켜 보자. 인류의 다양한 전통문화 속에서 보편적으로 발견되는 것처럼, 축제란 본디 공동체 구성원이 응당 함께 거행하는 것이었다. 축제에 참여한다는 것은 맹목적으로 흘러가는 일상적 시간 속에서 돌연 창조적인 에너지가 개입하여 넘쳐흐르게 되는 성스러운 시간에 참여한다는 것을 의미한다. 그렇기에 축제는 균질적이고 무의미하게 흘러가는 시간의 흐름 속에서 그 이전과 이후를 구분하는 단절과 초월의 계기를 만들며, 나아가 상징적인 의미에서 죽음과 재생의 계기를 만든다. 그리고 축제가 이러한 역할을 하는 것은 축제가 모방하고 재현하려는 것이 바로 신에 의한 세계의 창조나 영웅에 의한 괴물의 퇴치 등 성스러운 의미를 지닌 모범적 사건이기 때문이다.

[그림 20-1] 일본의 마쓰리[祭り]

　가령 일본의 전통문화를 대표하는 '마쓰리^{祭り}'를 예로 들어 보자. 일본에는 오늘날에도 여전히 지역 공동체 구성원 전체가 함께 준비하고 참여하여 즐기는 지역 축제인 마쓰리가 전통문화로서 잘 보존되어 있다. 도쿄의 '간다 마쓰리^{神田祭}', 오사카의 '덴진 마쓰리^{天神祭}'와 더불어 교토의 '기온 마쓰리^{祇園祭}'가 일본을 대표하는 3대 축제로 꼽히지만, 이렇게 큰 도시에서만이 아니라 전국 각지 중소 도시에도 그 지역마다 고유하게 내려오는 마쓰리가 여전히 명맥을 유지하고 있는 경우가 많다.

축제마다 약간씩 성격은 다르지만, 대체로 이러한 축제는 그 지역에서 전해지는 성스러운 이야기, 즉 신화나 전설을 재현하기 위한 행사에서 비롯되었다. 요즘에야 관광도 하나의 산업이니 경제적 효과를 기대하면서 축제를 벌인다고도 생각할 수 있지만, 하루라도 노동을 하지 않으면 생계를 유지하기 어려웠던 과거에도 사람들은 기꺼이 생업을 뒤로한 채 주기적으로 돌아오는 축제를 정성껏 준비하고 거기에 열정적으로 참여해 왔다. 경제적 관점에서는 자원을 많이 소모하는 축제가 사치스러운 소비나 비합리적 행위로 간주될 수 있겠으나, 사람들은 오히려 축제 기간을 즐기면서 심신의 활력을 얻고 축제가 끝나면 다시 건강한 모습으로 일상으로 복귀한다.

이러한 모습은 일본의 축제에서만 관찰되는 현상이 아니다. 엘리아데는 폴리네시아인들의 축제를 사례로 다음과 같이 설명한다. 수많은 도서島嶼로 이루어진 폴리네시아 지역에서 배는 가장 유용한 이동·생산수단이자 노동을 비롯해 삶의 모든 영역에서 필수불가결한 도구적 재화다. 그런데 폴리네

[그림 20-2] 프랑스 니스의 카니발(Carnival) 축제

시아인들은 이렇게 소중하고 귀한 배를, 그것도 고장 난 곳 하나 없이 기능적으로 멀쩡하게 작동하는 배를 주기적으로 일부러 부수었다가 애써 다시 복구하는 축제를 벌인다. 경제적 관점이나 일상적 관점에서 보자면, 이러한 고의적인 선박 파괴와 수리는 대단히 비효율적이고 비합리적인 행위가 아닐 수 없다. 하지만 폴리네시아인들이 이러한 관습을 유지하는데다 축제로 만들어서까지 계승하는 것은, 그것이 바로 신에

의한 세계 창조를 모방하고 재현하려는 성스러운 행위이기 때문이다.

폴리네시아 전통에 따르면, 그들의 세계는 신이 배 만드는 법을 알려 줌으로써 비로소 시작되었다고 한다. 즉 배가 있어야만 생존할 수 있는 도서 지역의 특성을 고려하면 선박의 발명은 곧 죽음에서 삶으로, 혼돈에서 질서로, 어둠에서 빛으로, 야만에서 문명으로의 이행을 가능하게 하는 세계 창조에 버금가는 획기적 사건과도 같다. 그래서 배 만드는 법을 처음 가르쳐 준 신의 행위를 기리고자 의도적으로 위와 같은 축제를 행한다는 것이다. 그러므로 축제 기간에 사람들이 배를 일부러 부수고 다시 고치는 일은 결코 경제적 가치를 목적으로 하는 것이 아니며, 한 세계가 닫히고 다시 새로운 세계가 열린다는 성스러운 의미가 담긴 상징적 행위이다.

경작耕作 역시 마찬가지다. 현대인이나 비종교인의 관점에서 보면 경작이란 철저하게 식량을 생산한다는 의미밖에 지니지 못하며, 경제적 이윤 추구를 위한 노동의 한 종류에 불과하다. 그런데 절대적·보편적 빈곤 상태에 있던 과거에도 애써 생산한 작물을 소비하지 않고 그대로 폐기하는 축제가 있었음이 인류 문화 곳곳에서 발견된다. 살림이 넉넉하지 못해서 먹을 것이 귀했던 시절에 과거의 인류는 왜 작물을 일부러 먹을 수 없게끔 매몰 처분하는 납득할 수 없는 일을 행했던 것일까? 엘리아데의 관점을 빌려 오면, 이러한 행위는 경제적 관점에서는 비합리적인 행위일지 모르나, 종교적 관점에서는 그렇게 하는 것이야말로 진정으로 가치 있는 성스러운 행위이다. 이유는 다음과 같다.

경작이란 기본적으로 생명을 창조하는 행위다. 작물을 길러 내는 노동은 궁극적으로 인간이 먹고살기 위한 목적을 지닌다. 그런데 역설적으로 인간이 자신의 생명을 보존하고 지속하기 위해서는 살아 있는 작물을 죽여야 한다. 상징적으로 보자면, 괴물의 죽음을 통해 생명력 넘치는 세계가 창조되었듯, 살아 있는 작물의 죽음이 곧 인간의 생명으로 전환된다. 인간이 살기 위해서는 작물을 죽여야만 하는 것이다. 그렇기에 작물의 의도적인 폐기는 더 풍성한 수확을 기원한다는 의미를 담고 있다. 이러한 맥락에서 주기적으로 행해지는 식용 작물의 고의적인 폐기는 종교 상징의 관점으로 해석되지 않으면 안 된다. 달리 말하면, 일부러 식용작물을 폐기하는 축제에 참여하는 인간은 경제적 관점이 지배하는 일상적 시간에서 벗어나 종교적 시간을 살아가고 있는 것이다.

5. 현대의 탈신성화된 시간

인간은 무미건조한 생산적 노동이 반복되는 경제적 현실에서만 살아가는 존재가 아니다. 삶의 의미를 추구하기도 하고, 진정한 존재가 되기를 희구하기도 한다. 종교적 인간은 세속에 존재하는 양식과는 질적으로 다른 차원의 존재이기를 갈망한다. 진정한 존재로 거듭나려는 이러한 열망은 신·영웅·성현을 본보기로 삼아 그들의 삶을 모방하고 재현하려는 행위의 동기가 된다. 이러한 존재는 혼돈·괴물·악을 물리치고 우주와 질서, 그러니까 성스러운 삶의 세계를 창조하였고, 인간은 이러한 신화적 서사를 축제라는 형식으로 모방·재현한다. 그런데 이와 같은 축제는 상징적 죽음을 통해 새로운 삶의 에너지를 고양하기 위한 목적에서 때때로 일상 세계의 상식을 파괴하는 극단적인 광란으로 전개되기도 한다.

단적으로 '카니발리즘cannibalism'을 예로 들 수 있다. 탈신성화된 비종교적 사회에서 살아가는 현대인의 관점에서 '식인食人' 전통은 매우 미개하고 야만적이며 반인륜적인 악습으로밖에 보이지 않는다. 하지만 우리는 현상학적 태도변경에 따라 일단 윤리적 의미를 판단중지 해야만 한다. 즉 엘리아데는 이러한 풍습을 윤리적으로 평가하고 비난하는 일을 잠시 유보하고, 과거의 인류가 어떠한 목적에서 이러한 행위를 했는지 그 동기를 이해해 보자고 제안한다. 윤리와 도덕에 대한 선입견과 편견을 거두고 철저하게 종교적 태도에서 바라보면, 그것은 단지 먹을 것이 부족하고 허기져서 배를 채우기 위해 행하는 저급한 차원의 '생리적 행위'가 아니라는 것이다.

왜냐하면 당시 인육보다 더 많은 열량을 얻을 수 있는 식재료는 구하고자 한다면 얼마든지 구할 수 있었기 때문이다. 그리고 만약 그러한 이유에서 식인 전통이 있어 왔다고 하면, 먹을 것이 넉넉해졌거나 배가 부른 상태에서는 그러한 행위를 그만했다거나 풍습이 사라졌어야만 했는데, 이렇듯 문화인류학적으로 상당히 오랜 기간 유지되어 온 전통이라면 또 다른 이유가 있어야 할 것이기 때문이다. 그러므로 오히려 식인 풍습은 생리적 차원을 초월해 있는, 고차원적 의미를 추구하는 '형이상학적 행위'로 이해해야만 한다. 신적 존재가 태초에 괴물을 살해하면서 그것의 일부를 먹었던 것처럼, 인간은 다른 인간을 먹음으로써 먹는 행위가 갖는 상징적 의미, 즉 죽음과 생명의 신성성을 회복하려고 했다는 것이다.

'성적 난교orgy'의 풍습을 이해하는 데에도 위와 같은 관점이 동일하게 적용될 수 있다. 성적 난교란 매년 봄을 맞아 본격적인 경작에 앞서 파종하기 전, 공동체에서 선발된 여러 남녀가 들판에서 집단적으로 성관계를 하는 것을 말한다. 현대인의 시각에서 보면 인간으로서 지켜야 할 기본적인 성 윤리를 위배하는 매우 미개하고 야만적인 행위라고 평가할 수밖에 없을 것이다. 하지만 우리는 여기서도 현상학적 태도변경에 따라 윤리적 의미를 판단중지 해야만 할 것이다. 엘리아데는 윤리적인 선입견과 편견을 일단 유보하고, 그들의 삶을 이해하기 위해서 그러한 행위를 하는 이유나 동기를 생각해 보자고 말한다.[5]

---

5 현상학의 '지향성' 원리에 따르면 어떤 의미는 그것을 지향하는 의식의 태도에 상응해서만 주어진다. 따라서 성을 음란한 것으로 간주하는 것은 그것을 음란한 것

만약 집단 성관계를 하는 이유가 과연 이상성욕을 충족하기 위한 것이라면, 그것을 꼭 계절의 한 시기에 주기적으로 해야만 하는 까닭이 있었겠는가? 변태적 성욕이, 공동체 구성원 여러 명에게 집단적으로, 그것도 오직 봄이라는 특정한 시기에만 발동한다는 것을 설명할 합리적인 근거는 쉽게 떠올리기 어렵다. 그렇다면 성적 난교는 단지 성욕을 충족하기 위한 수준의 생리적 차원에서 해석하기보다는, 그것을 넘어서 있는 형이상학적 차원에서 그 의미를 찾아야 하는 것은 아닐까? 파종과 성관계의 유비적 동형성이라는 상징에 주목한다면, 제어할 수 없을 정도로 넘쳐 나는 성적 에너지의 방출은, 경작의 풍요로운 결실을 기원하며 우주 창조 당시의 충만한 생명력을 재현하고 모방하려 했던 것이 아닐까?

그런 의미에서 영화 《미드소마*Midsommar*》는 우리에게 생각

으로 바라보는 시선 때문이다. 성스러운 시간의 축제라는 관점에서 볼 때 '성적 난교'를 미개하고 야만적인 비윤리적 악습으로 매도하는 것은 적절하지 않다. 적어도 '현상학적 판단중지'와 더불어 철저하게 '종교적 태도'를 견지한다면, 성적 난교에 윤리성의 잣대를 들이대서 도덕적으로 평가하기 전에 원시 인류가 그러한 풍습을 행해 왔던 그 나름의 동기와 이유를 이해할 필요가 있다는 말이다.

거리를 많이 던져 준다. 북유럽 스웨덴의 '하지夏至' 축제에 소규모 마을 공동체 호르가에서 일어나는 여러 사건을 중심으로 전개되는 이 영화는, 이미 탈신성화된 문명을 살아가는 현대인의 시각으로는 불쾌하고 혐오스럽다 못해 공포마저 불러일으킨다. 그러나 엘리아데의 관점을 적용해 본다면, 이 공동체가 축제 기간에 행하는 괴기스러운 전통 풍습은 현실과 일상을 초월하여 성스러움을 회복하려는, 그렇게 함으로써 우주의 운행 주기에 따라 묵은 세계에 종말을 고하고 새로운 세계의 시작을 알리려는 종교 상징으로 이해될 수 있다. 그런 점에서 호르가 공동체에게 하지는, 그저 달력에서 매년 돌아오는 1년 365일 중의 하루가 아니라, 신을 경배하며 우주와 하나가 되는 성스러운 시간인 것이다.

그러나 축제의 성스러운 시간 체험을 반드시 과거의 원시 인류가 살았던 풍습에 국한하여 찾으려고 하는 것은 엘리아데가 말하려는 진의에서 한참 벗어난다. 그것보다는 현대 사회에서 행해지는 축제의 사례로 '올림픽'이나 '월드컵'과 같은 국제적인 대형 스포츠 이벤트를 떠올려 보는 것이 더 적절할 수 있다.

직업으로 운동을 하는 선수들은 시즌을 치르면서 많은 경기에 출전한다. 즉 그들에게는 운동 자체가 일상이다. 그럼에도 선수들은 시즌 중의 각종 대회보다도 4년을 주기로 개최되는 올림픽이나 월드컵을 특히 중요하게 여긴다. 프로 선수의 경우 금전적인 이득이나 보상이 미미하더라도 국가를 대표하여 경기에 출전한다는 자체에 자긍심을 가지고 입상을 위해 노력한다. 관객의 입장에서도 연중 개최되는 종목별 대회에는 상대적으로 관심이 덜하다. 왜냐하면 그것은 해당 종목의 선수와 관계자에게나 일상인 것이지 관객 자신이 처한 삶의 현실은 아니기 때문이다. 그러나 4년마다 개최되는 올림픽이나 월드컵은 누구에게나 초미의 관심을 끄는 스포츠 대회다. 그 까닭은 무엇인가?

그것은 바로 선수와 관객을 포함해 전 세계가 하나가 되어 열광하는 축제에 참여함으로써 일상의 무료함을 벗어나 압도적인 에너지의 분출과 충전을 경험하고 싶기 때문이다. 신에 의한 세계 창조에 버금가는 활력은 선수들의 열정과 의지를 통해 구현되며, 관객은 신화적 서사를 낳는 새로운 영웅의 탄생을 염원하면서 선수들을 응원하게 되는데, 이로써 경기장을 가득 채우는 충만한 에너지 안에서 모두는 하나가 된다. 즉 올림픽이나 월드컵이라는 스포츠 이벤트를 통해서 인류는 주기적으로 성스러운 시간에 참여하는 것이다. 어떤 점에서 보면 먹고살기에 급급한 무의미한 현실에서 벗어나 잠시나마 초월적 차원의 성스러움으로 눈 돌릴 시간이 필요하기에 일 부러 이러한 축제를 개최하는 것인지도 모른다.

6장

—

성스러운 자연

인간은 공간과 시간의 얽힘으로 이루어진 세계에서 살아간다. 그리고 그 세계에는 다양한 자연물이 존재한다. 그런데 종교적 인간에게 '자연'은 문자 그대로 자연이기만 한 것은 아니다. 그것은 언제나 종교적 가치, 즉 성스러운 의미로 충만해 있다. 그러니까 과학적 태도에서 경험되는 자연물은 그저 객관적 대상일 뿐이지만, 종교적 태도에서 자연물은 성스러움의 상징으로 체험된다. 바꾸어 말해 종교적 인간은 '자연적인 것'에서 언제나 '초자연적인 것'을 경험하며, 자연적인 것 너머에 있는 초자연적인 것은 자연적인 것과 '더불어', 자연적인 것을 '통해서' 성스러운 의미를 드러내 보인다. 자연에서의 성현을 우리는 공간·시간에서와 마찬가지로 다음과 같이 세 가지 층의 의미 구조로 도식화할 수 있다.

종교적 의미로 충만한
성스러운 자연
(자연에 깃든 성스러움 자체)

↑

일상적 삶에서 마주하는
일상적 자연
(일상적 삶에서도 자연은 순전히 자연물이 아니며
막연하게나마 어떤 의미나 가치를 지닌 것으로 체험됨)

↑

자연과학의 눈으로 파악되는
객관적 자연
(천체물리학, 화학, 지질학 등의 관점에서 파악되는 순전한 자연물)

1. 하늘

먼저 '하늘(天)'을 살펴보자. 무수히 많은 자연물 중에서 하늘을 우선 고찰하는 것은 신에 의한 우주 창조가 하늘에서 이루어졌기 때문이다. 우주는 하늘에서 창조되었다. 즉 하늘은 세계를 창조한 신의 거처이기도 하지만, 다른 한편으로는 세계를 창조한 신 자체를 상징한다. 하늘이 갖는 속성인 아득한 높이와 무한한 거리는 지상에 대한 천상의 '초월성' 내지는 신의 '절대성'을 직접적으로 드러낸다. 그래서 모든 자연물 중에서도 성스러운 의미를 가장 탁월하게 계시하는 하늘은 최고最高의 존재, 즉 여러 신 중의 가장 높은 곳에 있는 '최고신'으로 표상되며, 천둥·번개·폭풍우 등 하늘에서 일어나는 기상현상은 절대자의 뜻과 의지로 해석된다. 최고의 존재가 하늘로 상징되는 것은 인류의 여러 종교·문화의 전통에서 보편적으로 발견된다.

그런데 절대적 존재인 하늘은 지상으로부터 아득히 멀리 떨어져 있어서, 최고신은 인간의 삶에 직접적으로 개입하거나 관여하는 일이 드물다. 천상의 신은 이 세계를 창조한 후

[그림 21] 드높은 하늘과 구름 사이로 비추이는 광휘

멀찌감치 물러나서 팔짱을 끼고 자신이 창조한 지상 세계를 물끄러미 관망하는 것처럼 보인다. 인간 세계에서 일어나는 크고 작은 일들, 가령 삶에 닥친 예기치 못한 불행이나 전쟁과 같은 절체절명의 대사건이 일어나도, 하늘은 그저 관망하는 것을 넘어 야속하리만치 수수방관하는 것처럼 보이는 것이다. 그러므로 신학에서 "만일 절대자 신이 존재한다면, 도대

체 왜 그가 창조한 이 세계에 이토록 많은 슬픔과 고통과 악이 존재하는가?"와 같은 변신론辯神論, theodicy의 근본적 물음이 제기되는 것도 지극히 당연하다.

하지만 절대적 존재는 언제나 최후의 순간에 등장하는 법이다. 인간이 극한의 고통과 슬픔에 빠져 있을 때 또는 인류 전체가 결정적 위기에 처한 순간, 무력한 인간이 할 수 있는 최선은 더욱 간절하게 "하느님(天) 아버지(父)"를 찾는 것이다. 최고신은 오직 그러한 절체절명의 순간에만 자신의 모습을 드러내는 법이다. 마치 야구에서 위기에 몰린 팀을 구하기 위해 최고의 마무리 투수가 9회말 2아웃에 등판하는 것처럼 최고신은 위기에 처한 인류의 삶을 구원하기 위해 갑자기 자신의 모습을 드러낸다. 그러나 최고신이 반드시 구원자이기만 한 것은 아니다. '최종 보스godfather'가 해결사로 등장하여 뿌리 깊은 암흑가의 문제를 폭력적인 방식으로 청산하는 것처럼, 죄악으로 물든 인류에게 죽음의 심판을 내리고 자신이 창조한 세계 자체를 전복하여 멸망을 선고하기도 하는 것이다.

그런 점에서 하늘이 아버지에 비유되는 것이 마냥 터무니

없지만은 않다. 요즘에야 가부장 문화가 점차 약화되고 양성평등의 사회를 향해 나아가고 있지만, 인류의 오랜 역사 속에서 아버지는 언제나 최고의 권위를 지닌 근엄한 존재, 평소에는 가족과 자녀의 일에 아무런 관심이 없는 것처럼 무심하지만, 결정적인 위기가 닥쳤을 때는 최종적인 의사 결정과 문제 해결을 위한 최후의 의지처로 소환되는 존재였다. 그래서 평소에 자녀의 일거수일투족에 관심을 기울이며 기꺼이 온갖 뒷바라지와 고생스런 수발을 들어주는 것은 어머니임에도, 어머니가 준 용돈을 다 소진한 절박한 상황에서 비상금을 흔쾌히 내어 주는 것은 바로 평소에는 대화도 잘 나누지 않는 무심한 성격의 아버지인 것이다.

하늘의 최고신을 아버지로 표상하는 관념이 과연 젠더 평등의 관점에서 바람직한가 하는 윤리적 가치평가와 사회·정치적 논의는 물론 필요하다. 하지만 『성과 속』을 읽어 나가면서 이러한 문제 제기는 일단 현상학적으로 판단중지 할 필요가 있다. 과거의 인류가 오랜 기간 그러한 전통문화에서 살아왔고 현대인조차 그러한 정신세계로부터 완전히 벗어나지 못하고 있다는 점을 있는 그대로 인정하게 된다면, 그러한 관념의 근거가 무엇인지를 살펴보는 깃 역시 중요해지기 때문이다. 모든 남성이 그러한 모습으로 사는 것이 당연하다고, 그러한 방식으로 살아야만 한다고 주장하려는 것이 아니다. 아버지라는 존재에게 그러한 이미지가 어색하지 않을뿐더러 곧잘 어울리기까지 한다는 점에서 그 나름의 자연적 근거가 없지 않으리라 말하려는 것이다. 이것은 곧이어 살펴보게 될 땅이 지닌 종교 상징을 이해하기 위해서도 필요하다.

2. 땅

하늘이 남성·아버지로 상징되는 반면, '땅(地)'은 여성·어머니(母)로 상징된다. "남자는 하늘이고 여자는 땅"이라는 남존여비의 성차별적 입장에서 말하는 것이 아니라, 자연에서 생명체를 '출산出産'할 수 있는 존재는 오직 '여성'뿐이며, 생명체를 출산한 여성은 '어머니'라 불린다는 견지에서 말하는 것이다. 물론 남성 역시 생명체를 만드는 데에 불가결한 원인을 제공하며, 생명체의 창조에 결정적 지분이 있는 것은 분명하다. 하지만 그렇게 잉태한 생명체를 자신의 몸 안에 품고 있다가 비로소 세상의 빛을 보게끔 하는 출산은 전적으로 여성의 몫이자 오로지 여성만이 누릴 수 있는 특권이며, 이 과정에서 남성이 기여한 것은 아무것도 없다 해도 과언이 아니다. 따라서 하늘의 신이 '말'로 수행하는 세계 창조 행위는 '관념적'이고 '추상적'이지만, 땅의 신이 '몸'으로 수행하는 임신·출산의 창조 행위는 '직접적'이고 '구체적'이다.

그리스 신화에서 대지의 신 '가이아Gaia'는 여성으로 표상되는데, 엘리아데에 따르면 이처럼 땅을 여성화하여 어머니

[그림 22] 대지의 여신 가이아

로 간주하는 '대지모신大地母神, Terra Mater' 사상은 거의 모든 종교·문화·역사·사회적 전통에서 발견되는 인류의 보편적인 상징이다. 대지모신은 '모든 어머니 중의 어머니', 즉 '가장 큰 존재로서의 어머니', 단적으로 '모성 그 자체'를 상징한다. 인간 어머니가 낳는 것은 또 다른 인간에 불과하지만, 땅은 세상에 있는 모든 존재를 산출한다. 달리 말해 광물·식물·동물·자연·인간 등 이 세계에 존재하는 것은 모두 땅으로부터 나온 것이다. 따라서 대지란 특정한 것을 제한적·선택적으로 산출하는 존재가 아니라, 지상에 있는 만물을 산출하는 무한한 원천으로서 '보편적 출산자'의 지위를 갖는다.

성경에 따르면 신은 최초의 인간인 아담Adam을 흙으로 빚었다고 한다. 과학과 상식의 관점에서 보면, 인간이 흙으로 이루어져 있다거나 땅에서 태어난다는 것은 전혀 말이 안 되는 이야기지만, 종교 상징의 관점에서 보면 보편성을 띤 자연스러운 신앙인 것이다. 한국에서도 농협이 우리 농산물의 소비 진작을 위해 표어로 내건 '신토불이身土不二'라는 말이 있는데, 인간의 몸과 인간이 살아가는 땅은 분리된 것이 아니며 근원적으로는 하나로 연결되어 있다는 뜻을 담고 있다. 우리가 무심코 사용하는 '모국母國'이라는 단어도 곱씹어 보면 상당히 의미심장하다. 자신이 태어난 나라를 '부국'이라고 하지 않고 굳이 '모국'이라고 부르는 것은, 마치 자궁에서 어머니와 아이가 탯줄로 이어져 있는 것처럼, 자신의 존재가 땅과 결합되어 있고 자신은 그 땅으로부터 나왔다고 하는 '토착성'의 관념을 단적으로 보여 주기 때문이다.

명절만 되면 전국의 모든 도로가 귀성 행렬로 주차장을 방불케 해도 우리가 고향 방문을 거르지 않는 것은 바로 자신의 존재 근거이자 뿌리가 되는 땅에 대한 '소속감' 때문일 것이다. 이것은 한국인을 비롯한 동아시아인에게만 국한되는 특수한 현상이 아니다. 추수감사절이나 크리스마스 때 가족을 만나러 먼 길을 이동하는 현대의 유럽인 또한 고향의 대지와의 '신비로운 결합'에 관한 막연한 감정을 보존하고 있다. 하늘은 세계를 창조한 후 뒷짐을 지고 멀리 떨어진 채 그저 관망하고 있는 반면에, 땅은 인간의 삶과 밀착되어 있으면서 항상 곁에서 구체적인 소속감을 느끼게 해 준다. 마찬가지로 아버지는 커다란 위기의 순간에 최후의 의지처로 소환되는 존재이지만, 어머니는 삶 전반에 지속적으로 관여하고 직접적으로 도움을 주는 존재로 여겨진다.

　여성의 출산과 분만은 대지에 의해 수행된 모범적 행위의 소우주적 표현이다. 바꾸어 말하면, 아기를 낳는 인간 여성의 출산은 보편적 출산자인 어머니, 즉 대지의 세계 창조를 소규모로 재현하는 행위다. 엘리아데는, 신생아가 태어났을 때 어머니가 아기를 땅에 잠시 내려 두어 접촉하게 했다가 다시 들어 올리는 행위가 세계 전역에서 보편적으로 발견된다고 말한다. 새로운 존재를 탄생시키는 행위가 고귀한 의미를 지니는 것은 그것이 대지모신의 성스러움을 모방하고 있기 때문이다. 그래서 아기를 낳은 여성은 이제 자신도 어머니가 되었다는 사실을 보편적 출산자인 대지모신에게 신고함으로써, 새로운 존재에 대한 보증 및 갓 태어난 아기의 건강과 안녕에 대한 보호를 의뢰해야 한다. 이러한 행위가 바로 엘리아데가 말하는 '지상에서의 분만humi positio'이다.

　그런데 출산을 하기 위해서는 먼저 잉태를 해야 한다. 남녀의 성적 결합에서 아기가 태어나는 것처럼, 보편적 출산자로서 땅이 만물을 생산하기 위해서는 상징적 의미에서의 성적 결합이 필요하다. 즉 우주의 창조는 하늘 신인 아버지와 땅의 신인 어머니 사이의 '신성결혼神性結婚'의 결과다. 위치상 하늘은 위에, 땅은 아래에 있으니 남녀 간의 성행위를 연상시키기도 하는데, 가시적인 현실 세계에 존재하는 만물은 하늘과 땅의 신 사이에서 이루어진 성적 결합의 산물이다.

하늘
창조의 의지, 남성(♂)

↓

세계
신성 혼인의 결과로 창조된 만물,
가시적·현실적으로 존재하는 사물의 총체

↑

땅
보편적 출산, 여성(♀)

다른 한편 대지의 상징은 죽음과도 연결된다. 사람이 죽었을 때 장례를 치르는 방법은 무수히 많다. 그러나 가장 대표적이고 보편적인 방식은 바로 시신을 땅에 묻는 '매장埋葬'이다. 상징적인 의미에서 매장을 하는 이유는 명확하다. 인간이 땅이라는 어머니로부터 생명을 부여받아 세상에 나왔으니 죽어서는 다시 자신이 태어난 어머니의 자궁으로 돌아간다는 것이다. 그런 점에서 풍수지리학에서 '음택陰宅'이라고 칭하는 묏자리의 형태를 여성의 생식기에 비유하는 것은 우연이 아니다. 죽은 뒤에 다시 돌

[그림 23] 풍수지리학의 음택(陰宅) 명당

아갈 곳은 태어난 곳이다. 인간은 생물학적으로 어머니의 자궁으로부터 태어났으니, 죽은 후에 상징적으로 다시 돌아갈 곳은 '혈穴'의 형태를 띤 '음문陰門'인 것이다.

그런데 곰곰이 생각해 보면, 시신을 직접 땅에 묻는 방식인 매장만이 아니라 그 어떠한 형식의 장례라 하더라도 죽어서 어머니 대지의 품으로 돌아가는 것은 마찬가지다. 왜냐하면 불에 태우는 식의 화장이든, 물속에 넣는 식의 수장이든, 새가 파먹게 하는 식의 조장이든, 아니면 풍화되도록 버려두는 풍장이든 간에, 세상에 존재하는 모든 것이 땅으로부터 나

왔다는 원리에서 보면 망자가 궁극적으로 돌아갈 곳은 대지이기 때문이다. 그런 점에서 땅은 단지 흙을 가리키는 것이 아니라 모든 존재를 낳는 보편적 출산자, 더 정확하게 말하면 지상의 가시적인 존재 일반을 지칭한다. '지구地球', 그러니까 구의 이미지로 표상되는 땅은 현실적으로 존재하는 것 전체인 가시적인 만물의 '세계world'를 가리키는 것이다.

3. 물

인간의 삶에서 '물(水)'은 생존을 위한 필수 조건일 뿐 아니라, 더러운 것을 깨끗이 하는 수단으로 사용된다. 따라서 종교 상징으로서 물이 지닌 성스러운 의미는 바로 생명과 정화다.

먼저 '생명生命'에 대해 알아보자. 살아 있는 존재, 즉 생명체는 비단 식물·동물·인간과 같은 유기체만을 뜻하는 것이 아니다. 종교적 관점에서는 무기물·광물을 포함하여 이 세계 전체가 하나의 거대한 살아 있는 존재다. 그런데 생명체의 주요한 속성 중의 하나는 바로 생장하고 사멸한다는 데에 있다. 나서(生) 자라다가(長) 늙어서(老) 죽는(死) 것이야말로 모든 살아 있는 것의 운명이다. 이러한 생명을 유지하는 데에 불가결한 것이 바로 물이며, 탈레스^{Thales}의 말처럼 "물은 만물의 근원"이다.

그런데 물이 만물의 근원이라고 할 때, '근원'의 의미에는 단순히 살아가기 위해 물이 구성요소로 반드시 필요하다는 뜻만 있는 것은 아니다. 오히려 물이란, 존재하는 것의 총체로서의 세계가 출현하기 위한 발생의 근거라는 의미를 지닌다. 더 정확히 말하자면 장차 생장할 수 있는 모든 존재가 잠재성이라는 '씨앗'의 형태로 응축되어 있는 것이 바로 물이다. 그런 의미에서 엘리아데는 물이 모든 존재 가능성의 '원천^{fons et origo}'을 상징한다고 분석한다. 그런데 이러한 분석이 비단 서양권에서만 적용되는 것은 아니다.

예를 들어 동아시아의 음양오행^{陰陽五行} 사상은 우주 만물의 존재와 자연의 변화 원리를 '음(-)'과 '양(+)', 그리고 '물(水)' '나무(木)' '불(火)' '흙(土)' '쇠(金)'로 설명하는 사상이다. 그런데 여기서 오행은 마치 화학이 상정하는 것과 같은 절대적으로 고정불변하는 실체로서의 원소가 아니다. 오히려 나무·불·흙·쇠는 모두 그 근원이 되는 물이 생장·발전하는 과정

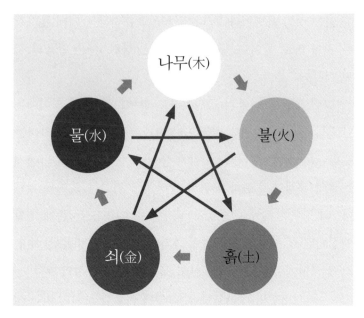

[그림 24] 오행의 상생상극(相生相剋)

에서 변화한 양태라는 점을 이해하는 것이 중요하다. 십이지
지十二地支 중에서 가장 먼저 등장하는 '자子'는 가장 작은 존재로
서 입자와 같은 것에 비유될 수 있다. 즉 어떠한 형태로도 변
할 수 있는 모든 잠재성이 응축된 상태의 씨앗이 바로 '자'이
며, 우리는 원자·분자·정자·난자 등의 개념에서 이러한 의

미를 확인할 수 있다. 주목해야 하는 것은 음양오행 사상에서 존재의 원천이나 가능성의 근거를 뜻하는 '자'를, 나무도 불도 흙도 쇠도 아닌 '물'의 속성을 지닌 것으로 간주해 왔다는 사실이다.

우리가 살아가면서 눈으로 보는 만물, 즉 존재하는 것의 총체인 세계는 '가시적'이다. 반면 존재 가능성의 원천으로서의 '자'는 눈에 보이지 않을 정도로 작아 마치 존재하지 않는 것처럼 여겨진다. 그렇기에 물은 '비가시적' 성격을 띤다. 그런 맥락에서 자시子時는 하루 24시간 중 아무것도 보이지 않는 가장 깊고 어두운 밤을 뜻한다. 가장 깊고 어두운 곳에 아주 작은 입자처럼 존재하는 물은 비가시적인 데다 고정된 형태가 존재하지 않는다. 컵에 담으면 컵 모양이 되고 접시에 담으면 접시 모양이 되는 것처럼, 일정한 형태를 띠고 있지 않기에 그 어떠한 모양으로도 변화할 수 있다. 즉 물이 지닌 '무정형'의 본성은 오히려 장차 출현할 모든 형태의 '가능성'과 '잠재성'을 뜻한다.

노자가 『도덕경』에서 "상선약수上善若水"라는 말을 통해 물을 찬미한 것은 바로 그러한 이유에서다. '도道'에 적절히 비유할 수 있는 것은 '존재하지 않는 것(無)'처럼 은미隱微하나 그럼에도 모든 '존재하는 것(有)'을 가능하게 하는 근원인 물뿐이라는 것이다. 엘리아데가 가능적 우주의 총체인 물이 대지보다도 먼저 존재한다고 말한 것은 바로 이러한 이유에서다. 땅은 현실적으로 존재하는 것의 총체인 세계를 뜻하지만, 물은 세계가 존재하기 위해 더 깊은 곳에 존재하는 가능성의 근거이자 잠재성의 원천을 뜻하기 때문이다.

수면 위

질서, 타락

현실성, 분화된 것, 형태를 띠는 것

가시적인 것, 빛

창조된 세계

↘   **물(水)**   ↗

수면 아래

혼돈, 순수

비가시적인 것, 어둠

잠재성, 가능성, 미분화된 것, 무정형

세계 창조의 원천

이제 물이 지닌 두 번째 상징인 '정화淨化'를 살펴보자. 정화란 눈에 보이는 더러운 것을 씻어 내는 것이다. 오염된 것을 씻어 내면 다시 깨끗해진다. 그렇기에 물로 몸을 씻는 행위는 새로운 존재로 거듭난다는 상징적 의미를 지닌다. 물에 잠기는 것은 사라지는 것이 아니라 새로운 모습으로 거듭나는 것이다. 세계에 존재하는 모든 것, 일련의 가시적 질서 속에서 다른 것과 구분되는 형태를 지니는 것은 빛의 영역인 수면 위에 존재한다. 그런데 물 밖에 있던 것이 물속으로 들어가는 것은 문자 그대로 사라져 없어지는 것이 아니다. 다만 어둠의 영역, 즉 눈에 보이지 않고 일정한 형태가 없으며 미분화되고 단지 잠재적 가능성으로서만 존재하는, 말하자면 태초의 혼돈과도 같은 상태로 통합되는 것이다. 그런 의미에서 수면 아래에 잠겨 있다가 다시 수면 위로 나오는 것은 바로 잠정적인 죽음의 상태로부터 새로운 창조, 새로운 존재, 새로운 생명, 새로운 인간으로 거듭남을 상징한다.

이렇게 상징적인 죽음과 부활의 관념은 인류의 다양한 종교·문화 전통에서, 특히 역사·지리적으로 직접적인 영향 관계가 거의 없다고 생각되는 곳에서마저 보편적으로 발견된다. 가령 성경에 등장하는 '요나', 전래동화 속 목각 인형 '피노키오', 아버지의 눈을 뜨게 한 효녀 '심청'의 이야기는 모두 다른 시기 다른 문화를 배경으로 하고 있지만, 깊은 바닷속으로 들어갔다가 우여곡절 끝에 다시 바깥세상으로 나온다는 모티브를 공유하고 있다. 우리가 주목할 점은, 왜 하필 그 장소가 들이나 숲이나 산이 아니라 바다이며, 또한 깊은 바다에 빠져 죽은 줄로만 알았다가 다시 밖으로 나올 때에는 기존과는 완전히 다른 새로운 존재로 거듭나게 되는가 하는 것이다. 물은 모든 형태를 해체하고 파괴함으로써 새로운 창조를 낳는다. 세계 전역에서 전승되는 여러 신화에서 공통적으로 구세계의 멸망을 통한 신세계의 재창조 과정에 '대홍수'가 등장하는 것 역시 마찬가지다. 불은 죄악에 물든 도시를 벌하여 거기에 사는 사람들만을 죽이지만, 물은 아예 문명 전체를 파멸에 이르게 한다.

그러한 이유에서 물은 정화, 즉 상징적인 죽음을 통한 새로운 존재의 부활을 뜻한다. 그리스도교의 '세례洗禮'는 물이 지닌 성스러운 의미를 단적으로 보여 준다. 그리스도교 입교자는 반드시 이마에 물을 떨어뜨리는 의식을 행해야 하는데, 종파에 따라서는 물에 잠겼다가 밖으로 나오는 방식의 세례인 '침례浸禮'를 행하기도 한다. 어떠한 방식이든 궁극적으로 세례가 지닌 종교적 의미는, 죄악에 물든 과거의 삶을 버리고 이제 순수한 존재로 다시 태어나 하느님의 자녀이자 예수 그리스도의 제자로서 새로운 삶을 살겠노라고 다짐하는 데에 있다.

객관적 관점에서 보았을 때, 세례가 초래하는 변화를 인과적으로 설명하거나 입증하기는 어렵다. 이마에 물 한 방울을 떨어뜨리든 물에 들어갔다 나오든 '이전의 나'와 '지금의 나'는 '동일한 나'이며 삶 자체가 달라지는 일은 좀처럼 일어나지 않는다. 하지만 세례는 존재의 의미를 완전히 탈바꿈시킨다. 상징적으로 '이제까지의 나'는 이미 죽었고, '앞으로의 나'는 완전히 새로운 존재로 다시 태어났기 때문이다.

그러나 간과해서 안 되는 점은, 이러한 상징적 죽음을 통한 정화·갱생·부활을 의미하는 존재론적 변화가 그저 말처럼 쉬운 일이 결코 아니라는 것이다. 입교 의식으로서의 세례는 그저 말로만 이제 교인이 되었다고 선언하는 것으로 끝나는 것이 아니다. 오히려 세례는 '고생 끝의 낙'이 아니라 '고난의 시작'일 뿐이다. 세례는 인류를 구원하기 위해 죽음까지도 감내한 예수 그리스도의 수난을 상징하며, 따라서 세례를 통해 제자의 길을 따르겠노라고 다짐한 사람에게는 예수의 가르침을 실천하는 과제가 주어지는 것이다. 우리는 이러한 점을 7장 성스러운 인간의 통과의례에서 더 자세히 알아볼 것이다.

4. 나무

'나무(木)'는 생명의 끝없는 출현, 즉 '생명력'을 상징한다. 성스러움의 관점에서 보면 모든 생명체가 주기적 순환의 구조를 지니고 있지만, 나무만큼 생명력 자체를 직관적으로 보여 주는 생명체도 흔치 않다. 가을이 되어 낙엽을 떨어뜨리고 겨울에는 앙상한 가지를 드러내는 나무는 겉으로 보기에는 죽은 것처럼 보인다. 그러나 봄이 되면 언제 그랬냐는 듯 다시 싹을 틔우고 여름에는 무성한 잎을 드리운다. 보통 나무의 수명은 수백 년에 달할 정도로 길다. 활엽수의 경우조차도 이러할진대, 동토에서도 살아남는 침엽수의 경우에는 말할 것도 없다. 요컨대 나무는 '생명력' '갱생' '영원한 청춘'을 상징하며, 지상에 존재하는 모든 '생명체'를 내표한다.

그런데 4장 성스러운 공간에서 살펴본 것처럼, 나무는 '초월'의 상징이기도 하다. 나무는 하늘을 향해 위로 자란다. 이러한 '수직'의 이미지는 지상에서 천상으로의 초월을 상징하며, 그런 점에서 나무는 땅과 하늘을 이어 주는 통로의 역할을 한다. 한국 신화에서 단군이 새로운 문명을 건설한 곳에 신단수가 등장하는 것은 우연이 아니다. 신단수란 천상의 음성을 지상에서 수신하기 위한 일종의 안테나일 뿐만 아니라, 인간의 목소리를 신에게 전달하기 위한 송신탑이기도 하다. 한국 전통에서 솟대는 나무 위에 새가 앉아 있는 형태를 취하고 있는데, 이는 신의 전령인 새가 하늘에서 날아와 땅 위에서 살아가는 인간에게 메시지를 전하기 때문이다.

이러한 까닭에 나무가 '지혜'를 상징하는 것은 자연스럽고 당연한 일이다. 오랜 세월 생명력을 유지하면서 하늘과 땅의 교신을 수행한 나무는 내적으로 성스러움에 관한 우주의 비밀을 간직하고 있다. 신이 금지했다고 전하는 에덴동산의 사과는 나무의 열매로서 우주의 신비에 관한 '지식'을 응축한 것이며, 유대교의 카발라Kabbalah 전통에서는 삶과 죽음에 관

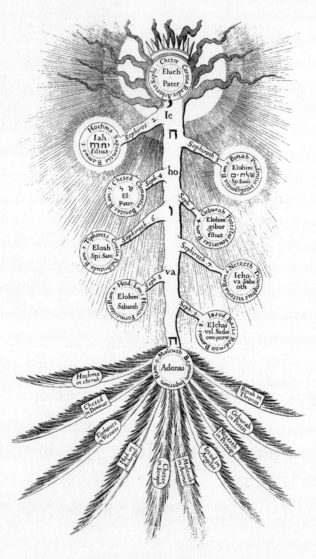

[그림 25] 유대교 카발라(Kabbalah)의 생명과 죽음의 나무

한 모든 생명의 비밀을 나무에 빗댄 도식으로 설명한다. 영화 《아바타》에는 외계 종족인 나비족이 에이와라 부르며 신성시하는 나무가 등장하는데, 이 세상에 존재하는 많은 사물 중에 왜 하필 나무가 그런 존재로 그려지고 있는가를 생각해 보는 것은 시사하는 바가 크다. 왜냐하면 성스러움의 상징이라는 관점에서 보면, 삶과 죽음에 관한 우주와 생명의 신비를 품고 있는 지혜로운 존재가 바로 나무이기 때문이다.

5. 달과 해

'달(月)'은 지구에서 바라보면 주기적으로 순환하는 위상의 변화를 갖는다. 천체물리학의 객관적 관점에서 보면 이것은 표면에서 태양 빛을 반사하는 달이 지구의 위성으로서 대략 28일을 주기로 공전을 하기 때문이다. 하지만, 성스러움의 관점에서 보면 신월·초승달·상현달·보름달·하현달·그믐달·삭으로 순환하는 달의 위상의 변화는 '재생'과 '부활'을 상징한다.

존재란 모두 변화한다. 이는 우주 만물을 주재하는 섭리이며, 시간의 흐름에 따라 우주의 운행과 변화를 근거리에서 직접 보여 주는 것이 바로 달의 위상이다. 그런데 달이 거의 보이지 않게 되는 '삭'과 '신월'은 정확히 같은 위상을 지칭한다. 신월은 말 그대로 '새로운 달'이라는 뜻인데, 여기서 어떤 존재가 하나의 사이클을 완료하는 것인 죽음과 새로운 존재로서 다시 하나의 사이클을 시작하는 것인 탄생이 공간·시간상에서 중첩된다는 점이 자못 의미심장하다. 즉 성스러움의 관점에서 보면 존재의 죽음은 결코 끝이 아니며, 거기에는 그 자체로 새로운 존재의 탄생을 예비한다는 형이상학적 의미가 함축되어 있다.

7장 성스러운 인간을 통해 좀 더 자세히 살펴보겠지만 인간의 신체는 소우주이기 때문에, 우주에서 일어나는 모든 천문 현상은 인체의 생리적 차원에서도 그에 상응하는 유비 대상을 갖는다. 달의 주기적인 위상 변화는 여성의 신체에서 일어나는 생리적 변화와 동형성을 갖기에, '월경月經'이라는 이름은 결코 임의적인 것이 아니다. 여기서 달이 상징적으로 나타내는 또 하나의 성스러움은 바로 '여성성'이다. 태양의 신이 '남성성'을 지닌 존재로 표상되는 반면, 아르테미스Artemis처럼 달의 신이 여성으로 표상되는 것은 비단 그리스·로마 신화에서만이 아니라 인류의 모든 문화·종교 전통에서 발견되는 보편적 현상이다.

'해(日)'는 달과 달리 위상의 변화가 일어나지 않는다. 물론 일식과 같은 현상이 존재하기는 하지만, 이것은 달에 비해 상대적으로 아주 오랜 시간을 주기로 하여 일어나는 특수하고 예외적인 사건에 가까우며, 일식을 이례적인 천문 현상으로 간주한다는 사실 자체가 태양이 항상성·불변성·동일성을 상징한다는 점을 잘 보여 준다. 앞서 하늘을 고찰할 때 언급한 것처럼, 하늘은 최고신으로 상정됨에도 불구하고 아득히 높고 멀어서 구체성을 띠지 않는다. 하지만 최고신은 해라는 구체적인 자연물을 통해서 자신의 권능을 직접적으로 드러내 보이는데, 태양은 빛을 스스로 발한다는 점에서 하늘에 존재하는 모든 천체를 압도하는 권위를 지닌다. 지상에 존재하는 모든 생명체는 빛을 받아 삶을 영위하며, 그런 점에서 태양에 의지하여 살아간다. 즉 태양은 생명의 원천인 빛을 스스로 발하는 '자율성'을 지니며, 그렇기에 만물을 주재하고 통치하는 '절대성'을 갖는다. 인류 역사에 존재했던 거의 모든 국가에서 정치권력의 최고 지배자인 왕이 해로 상징되었던 것은 바로 이러한 이유에서다.

그런데 태양조차도 그 자체로 우주는 아니며, 우주의 변화 속에 존재하는 자연물일 뿐이다. 1년을 주기로 하여 태양 빛이 최고로 충만한 날이 바로 하지夏至이며, 반대로 최저로 감소하는 날이 바로 동지冬至다. 앞서 5장 성스러운 시간을 고찰하면서 영화 《미드소마》의 사례를 언급하였는데, 동지에도 그에 상응하는 축제가 있다. 바로 미트라교Mithraism의 태양신 숭배이다. 일각에는 미트라교의 태양 숭배 전통이 크리스마스X-mas의 원형이라고 분석하는 이론도 있다. 예수가 역사에 실존했던 인물인지에 관해 여기서 왈가왈부하고 싶은 마음은 없다. 다만 그리스도교 역시 앞서 존재한 여러 종교 전통의 수용과 변형에서 예외일 수가 없다는 점을 주지한다면, 예수라는 성현의 탄생일로 알려진 크리스마스를 가리켜 천문현상을 의인화한 것으로 해석하는 견해도 있음을 소개하려는 것뿐이다.

동지는 태양의 남중고도가 가장 낮아 빛이 가장 부족한 날이다. 동지를 지나면서부터 태양은 차츰 일찍 그리고 점점 높게 뜨며 어둠을 몰아내다가, 하지에 이르러서는 최고로 충만한 빛을 발하며 가장 오래 세상을 환하게 비춘다. 그리스도교 자체를 부정하는 것이 아닌 이상, 구세주를 빛과 생명으로 간주하는 신앙에 이러한 자연적 근거가 있음을 주장하더라도, 이것이 예수의 신성에 조금이라도 흠결을 가하는 일은 아닐 것이다. 왜냐하면 특정 종교에 대한 신앙이라는 좁은 의미에서가 아니라, 넓은 의미의 종교적 태도에서 볼 때 자연은 언제나 성스러운 가치를 품고 있기 때문이다.

6. 돌과 금

'돌(石)'이 지니는 성스러움의 상징은 바로 견고함·불변함·영속성이다. 물론 세상에 존재하는 모든 것이 그러하듯 돌 역시 영원할 수는 없다. 그러나 생명을 지닌 존재에 비하면, 돌은 그래도 견고한 편이어서 오랜 시간의 풍화를 겪더라도 큰 변화가 없는 것처럼 보인다. 예를 들어 산에 있는 커다란 바위를 보라. 세월이 흐르면서 비바람에 조금씩 닳고 마모되기는 했겠으나, 지진이나 산사태 등의 천재지변이 일어나지 않

[그림 26] 영원히 변치 않을 것 같은 바위

는 이상 바위는 수십 년이고 수백 년이고 한결같이 그 형태를 유지하며 굳건히 자리를 지킬 것이다. 비록 나무가 영원한 생명력을 상징한다지만 그럼에도 나무는 생명체이기에, 계절에 따라 모습을 달리하게 되는 순환의 굴레에서 자유로울 수 없다. 하지만 바위는 마치 시간의 흐름을 벗어나서 우주적 생성소멸이라는 섭리마저도 거스르는 절대적 존재인 것만 같다.

그런데 여기서 '돌'이라고 칭한 것을 문자 그대로의 돌로만 이해해서는 곤란하다. 음양오행 사상에 따르면, 돌이라는 것은 쇠붙이(金)와 동류다. 즉 유기적 존재인 생명체와 달리 무기물로 이루어진 금속성 존재 일체가 바로 돌인 것이다. 이러한 관점에서 이 세상의 모든 유기체를 대표하는 것이 나무라고 한다면, 무기체를 대표하는 것은 바로 금이다. 물론 거대한 우주의 관점에서 보자면 금 역시 엄연히 자연의 순환 고리속에 존재한다는 점에서 예외일 수 없지만, 그럼에도 이 세상에 구체적인 형태를 띤 채 존재하는 것을 양분해서 보자면 나무와 극명하게 대비되는 존재가 바로 금인 것이다.

그런 점에서 나무가 '삶'을 상징한다면 금은 '죽음'을 상징한다. 나무가 연약하고 부드럽지만 질기도록 오래간다는 특성을 지닌 반면, 금은 단단하고 강하지만 역설적으로 깨지기 쉽고 부러지기도 한다는 특성을 지녔다. 성장을 본질로 하는 나무가 부단히 앞으로 그리고 무한히 위로 뻗어 나가려는 속성을 지닌다면, 금은 수축·제련·경화를 통해 도구로 가공되어야 비로소 영구적 쓸모라는 존재의 의의를 갖게 된다. 절대적 관점에서 무엇이 나은지를 평가하자는 것이 아니다. 자연에 존재하는 모든 것은 각자의 고유한 본성이 있고 용도와 목적에 따라 각기 고유한 가치를 지닌다. 요컨대 똑같이 우주적 신비로서의 '영원성'을 말하더라도, 나무와 금이 상징하는 성스러움의 의미는 다를 수 있다는 것이다.

7. 우주적 신비의 완전성과 통일성

이상으로 우리는 세계에서 마주하는 자연물 각각이 상징으로서 표상하고 있는 성스러운 의미를 살펴보았다. 그런데 여기서 유의하여 생각해 볼 점이 두 가지 있다.

첫째, 자연물은 고유한 특성에 따라 특정한 성스러운 가치를 드러내 보이지만, 다른 한편으로는 각각의 자연물이 나타내고 있는 성스러움 사이에는 공유하는 가치와 호환 가능성이 존재한다. 가령 땅은 탄생과 죽음의 근원으로 간주되며, 물도 탄생과 죽음의 원천이라는 상징을 지니고 있다. 그리고 양자는 마찬가지로 부활과 갱생의 의미를 공유하는데, 이러한 성스러움의 가치는 나무와 달에서 똑같이 확인된다. 그렇기에 누군가는 특정한 의미를 자연물에 임의로 갖다 붙인 것은 아닌가 하는 의문을 제기할 수도 있다.

하지만 엘리아데에 따르면, 우리는 이것을 우주적 차원을 관통하는 하나의 신비가 그때마다 다른 자연물을 통해 각기 다른 방식으로 구현되는 것으로 이해해야 한다. 즉 생명의 탄생과 죽음 그리고 부활이라는 생성소멸과 순환성의 진리는 우주적 신비의 핵심이자 성스러움의 요체다. 그러므로 그것이 한번은 땅의 모습으로 또 한번은 물의 모습으로 드러나는 것이며, 나무나 달에서도 그러한 모습이 나타나는 것은 지극히 자연스러운 현상이다. 다시 말해 종교적 인간이 바라보는 우주는 거대한 유기체이자 통일체이며, 이런저런 자연물은 완전하고도 온전한 성스러움 그 자체가 천변만화千變萬化하는 다양한 존재의 구체적인 양상으로 자신을 드러내 보이는 것이다.

해나 돌이 갖는 영원성이나 항구성은 이러한 변화와는 상반되는 것이 아니냐고 생각할 수 있는데, 이는 명백히 착각이다. 왜냐하면 만물이 생성소멸의 변화 속에 존재한다는 것 자체가 영원하고 항구적인 진리이기 때문이다. 결국, 우주를 관통하는 성스러운 진리는 오직 하나이며, 모든 자연물을 아우르는 성스러움은 서로 대립·갈등하는 속성이나 논리적으로 모순되는 술어조차도 무리 없이 하나로 통합되는 절대적 존재로서 온전성과 완전성 그 자체인 것이다.

둘째, 하늘·땅·물·나무·달·해·돌·금이 각각의 고유한 특성에 따라 그에 상응하는 성스러운 가치를 상징한다고 할 때, 이러한 성스러운 가치의 발생은 해당 자연물에 대한 일상의 체험에 기초한다. 하늘에 대한 시각적 경험, 땅에 대한 접촉의 경험, 물을 이용하여 몸을 씻는 경험이 각각의 자연물이 상징하는 지고함·소속감·정화라는 성스러운 의미를 창출하는 직접적인 원천이다. 즉 우리는 자연물에 대한 세속의 경험으로부터 표상된 성스러운 가치를 체험하는 것이다.

그런 점에서 성과 속은 존재론적으로는 엄연히 구분되어 있으나, 발생론적으로는 양자가 긴밀히 결합되어 있다. 성은 속에 대해 존재론적 관점에서는 우위에 있다고 말할 수 있으나, 그럼에도 발생론적 관점에서는 속에 빚지고 있다. 왜냐하면 유한한 인간으로서 우리는 절대적인 성스러움 자체를 직접 경험할 수는 없고, 오로지 일상 경험을 통해 세계 속에 존재하는 사물을 매개로 해서만 성스러운 의미·가치를 체험할 수 있기 때문이다.

그럼에도 분명한 것은 탈신성화된 현대 문명을 살아가는 인류에게 자연에서 체험할 수 있는 성스러움이 희석되고 약화되고 있다는 점이다. 전 지구적 차원의 환경보전을 주장하는 사람마저도 생태주의적 논의를 '지속 가능한 발전'이라는 지극히 세속적·경제적 차원에서만 이야기할 뿐, 자연 자체가 거대한 살아 있는 유기체이자 성스러운 의미를 지닌 절대적 존재라는 관념으로까지 확장해서 이야기하는 경우는 흔치 않다. 자연과학의 객관성만을 진리로 인정하는 사람에게는 자연물에 의미가 깃들어 있다는 엘리아데의 주장이 한낱 미신에 불과하거나 아무리 양보해도 애니미즘Animism과 같은 미개하고 퇴행적인 '원시적' 사상으로 여겨질지 모른다.

그러나 합리성과 객관성으로 철저하게 무장한 현대인조차도, 한 인간으로서 절망적인 난관에 부딪히게 되면 하늘을 향해 소원을 빌고, 이역만리 외국에 떨어져 있어도 자신이 태어난 조국과 부모님이 계신 고향 땅을 그리워하며, 몸에 더러운 것이 묻으면 물로 씻어 낸다. 이처럼 '원초적' 경험으로부터 발원하는 의미·가치는 인간이라면 일상적 삶에서 누구나 체험하는 것이며, 따라서 특정 종교의 신도인지 아닌지 여부와 무관하게 모든 인간의 내면에는 무의식적으로나마 성스러움을 추구하는 본성이 내재해 있다. 만약 그렇지 않은 사람이 있다면 그는 자연에 대한 경외와 숭고를 전혀 느끼지 못할 것이다. 역으로 말하자면 자연에서 아무런 의미도 가치도 느끼지 못한다는 것은 이미 종교적 인간으로서의 본성을 상실하였거나 망각해 가고 있다는 명백한 증거다.

7장

—

성스러운 인간

앞서 우리는 인간이 살아가는 세계를 '공간'과 '시간'의 차원에서 분석하였고, 다음으로 그 세계 안에서 마주하게 되는 '자연'이 어떠한 의미로 체험되는지를 알아보았다. 이제『성과 속』의 마지막 대목에 이르렀는데, 엘리아데는 이렇게 성스러운 세계 속에서 살아가는 '인간' 자신을 분석한다.

종교적 인간에게 신들에 의해 창조된 세계는 그저 객관적으로 존재하는 것이 아니라, 무언가를 의미하는 방식으로 존재한다. 종교적 인간은 그러한 세계 속에서 살아가는 자신 역시 신들에 의해 창조된 것임을 잘 알고 있으며, 따라서 자신의 존재 역시 우주 창조의 일부임을 깨닫는다. 바꾸어 말해 종교적 인간은 자신의 '삶을 통해서', 자신의 '삶 안에서', 그러니까 자신의 '삶 자체가' 성스러운 가치를 지니고 있음을 발견한다. 엘리아데의 표현을 빌리면, 인간은 그저 자연적 존재이기만 한 것이 아니라, 성스러운 의미로 충만한 "세계를 향해 열려 있는 실존"인 것이다.

1. 세계를 향해 열려 있는 실존

엘리아데가 말하는 "세계를 향해 열려 있는 실존"이라는 표현을 정확하게 이해하기 위해서는 현상학의 도움을 받는 것이 필수적이다. 앞서 2장에서 현상학의 주요 방법 중 하나로 현상학적 태도변경을 살펴보았고 이어서 공간·시간·자연을 살펴보면서 확인한 것처럼, 동일한 사태를 어떠한 태도에서 바라보느냐에 따라 그 사태의 의미는 완전히 달라질 수 있다. 그렇다면 원리상 인간이라는 존재 역시 어떤 태도에서 바라보느냐에 따라 그 의미가 달라져야 할 것이다.

자연과학적 태도에서 바라보는 인간은 해부학이나 신경

생리학의 관점에서 분석되는 대상, 그러니까 전적으로 자연적 존재에 불과하다. 교통사고가 나서 응급수술을 받는 환자를 의사는 철저하게 의학적 관점에서 진단하고, 그에 알맞은 방법을 적용하여 환자의 생명을 보존·유지·회복시키는 것을 최우선의 목표로 삼는다. 이러한 목표에 성공적으로 도달하기 위해서는 철저하게 자연과학의 원리를 따라야만 하는 것이다. 그러나 대개의 경우 우리는 자연과학적 태도에 따라 일상을 사는 것이 아니다. 일상에서 경험하는 인간, 즉 '나'뿐만 아니라 모든 '남'은 의학이 관심을 기울이는 객관적 대상인 '자연적 존재'로서가 아니라, 어떤 '상황'에 놓여 있으면서 그에 따라 어떤 '의도'를 가지고 '행위'를 하는 존재, 즉 '인격적 존재'로서 살아간다.

앞에서부터 계속 사용해 온 엘리아데의 이분법에 따라 '자연적 존재'는 '속'의 존재로서의 인간, '인격적 존재'는 '성'의 존재로서의 인간으로 나누고 싶지만, 내용상 그렇게 칼로 두부 자르듯 깔끔하게 구분하기에는 무리가 있다. 왜냐하면 일상세계를 살아가는 인격적 존재의 태도는 그 자체로 성스러운 차원에 위치하는 것이 아니고 성과 속이 분화되는 중간쯤에 위치하기 때문이다. 다시 말해 나는 앞에서부터 일관되게 엘리아데가 말하는 성과 속의 이분법을 세 가지 층의 구조로 이해할 것을 제안하고 있는데, 이는 공간·시간·자연뿐 아니라 인간을 이해하는 데에도 마찬가지다.

종교적 의미로 충만한
성스러운 존재로서의 인간
(진정한 의미를 추구하는 인간)

↑

일상적 삶을 살아가는
인격적 존재로서의 인간
(어느 정도의 의미를 지닌 세계에서 살아가는 인간)

↑

자연과학의 눈으로 파악되는
자연적 존재로서의 인간
(해부학, 신경생리학, 의학의 대상)

위의 도식에서 맨 위층의 관점에서 바라본 인간 존재가 바로 '성스러운 인간'이며, 이러한 인간 존재의 성스러움은 그것이 출현할 수 있는 지평, 즉 일상을 살아가는 인격적 존재로서의 삶에서 그 단서를 찾아볼 수 있다. 바꾸어 말하면, 일상적 삶을 살아가는 인격적 태도에서 우리는 성스러운 의미의 다양한 실마리를 발견할 수 있다. 하지만 그렇다고 일상적 태도를 전적으로 성스러운 종교적 태도로 간주하기는 어렵다. 왜냐하면 종교적 태도란 자신이 살아가는 세계에서 오로지 성스러운 의미만을 발견하며 또 전적으로 그러한 의미만을 추구하는 삶을 뜻하기 때문이다.

그런데 인간을 이렇게 다양한 태도·관점에서 이해하는 데에는 앞서 살펴본 공간·시간·자연과는 본질적으로 다른 매우 특별한 점을 강조해야 한다. 그것은 바로 인간이란 존재가 단순히 어떤 특정한 태도에서만 드러나 보이는 '대상'이 아니라, 오히려 이런저런 태도를 취할 수 있는 존재, 즉 현상학적 태도변경의 '주체'라는 점이다. 현상학적 태도변경의 주체는 다양한 대상과 세계에 특정한 의미를 부여하는 존재로, 후설은 이를 '초월론적 주관'이라고 불렀다. 하이데거의 '세계-내-존재In-der Welt-Sein', 메를로퐁티의 '세계-에로-존재être-au-monde' 등도 이와 마찬가지다. 현상학에서는 인간의 가장 근원적인 모습을, 의미의 세계 속에서 살아가는 존재이면서 동시에 의미의 세계를 구성하며 살아가는 존재로 이해한다.

앞서 2장 5절에서 언급한 것처럼 비록 후설의 초월론적 주관 개념 그 자체가 종교적 의미를 지닌다고 보기 어렵지만, 엘리아데가 진정한 인간으로 간주하는 '종교적 인간'은 초월론적 주관과 거의 유사한 지위를 갖는다. 결국 엘리아데가 말하는 "세계를 향해 열려 있는 실존"이란, 자신이 살아가는 세계를 종교적 의미로 충만한 성스러운 세계로 구성하면서, 동시에 그러한 세계 속에서 종교적 삶을 영위하는 가장 근원적인 인간 존재를 뜻한다. 즉 초월론적 주관으로서의 종교적 인간은 자신이 살아가는 세계에서 마주치는 모든 대상을 성스러운 것으로 파악할 뿐만 아니라, 심지어 주체인 자기 자신마저도 성스러운 존재로 이해한다.

그런 점에서 근원적인 것을 맨 아래에 위치시켜 토대로 삼기 위해 위의 도식에서 각 층의 위치를 전도시킬 필요가 있다. 자신의 삶을 성스러운 의미가 담긴 것으로 간주하는 '종교적 태도'로의 전환은 가장 인간다운 본성인 신성성을 회복하는 것이다. 반대로 자신의 삶을 오로지 객관적 자연으로 간주하

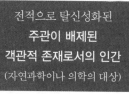

전적으로 탈신성화된
주관이 배제된
객관적 존재로서의 인간
(자연과학이나 의학의 대상)

자연화 ↑   ↓ 인격화

일상적 삶을 살아가는
심리적 주관이자
인격적 존재로서의 인간
(성과 속이 교차·중첩하는 세계 속에서
암묵적으로 성스러움과 의미·가치를 지향하는 인간)

비종교화 ↑   ↓ 종교화

세속화 ↑   ↓ 신성화

성스러운 의미의 세계를 구성하는
초월론적 주관이자
가장 근원적 존재로서의 인간
(성스러운 의미 세계를 향해 열려 있고,
그러한 세계 안에서 살아감을 의식적으로 자각하는 인간)

는 '비종교적 태도'로의 전환은 인간의 삶에서 그러한 신성성
을 박탈하는 일이다. 현상학적으로 보자면 객관적 과학의 관
점에 상응하는 자연 존재가 먼저 주어져 있었고 거기에 성스

러움의 의미·가치를 덧씌움으로써 그것을 성스러운 대상으로 파악한 것이 아니다. 본래 성스러운 태도 속에서 살아가던 인간이 세속화·자연화라는 방향으로 의식의 관점과 태도를 변경함으로써 현대인은 세계를 객관과학이 지배하는 맹목적·피상적인 자연으로 경험하게 되고 말았던 것이다. 그러므로 아래와 같이 도식화하는 것이 우리의 이해에 한결 부합한다.

일상 세계를 살아가는 인간의 삶은 두 개의 차원에 걸쳐 있다. 하나는 생존으로서의 자연적 인간의 삶이며, 또 하나는 성스러운 의미로 신성화된 인간의 삶이다. 앞에서 공간·시간·자연을 고찰하면서 살펴보았지만, 종교적 인간이 일상에서 행하는 성행위·식사·노동·놀이 등의 삶의 경험은 본성상 전자를 넘어서는 후자의 측면을 가지고 있다. 반면 비종교적 인간은 종교적 본성을 지닌 인간 본연의 행위에서 성스러운 의미를 박탈한 채, 오직 전자의 관점에서만 인간을 이해한다.

2. 소우주로서의 살아 있는 몸

먼저 인간의 신체를 살펴보기로 하자. 인간의 신체는 그저 한낱 '고깃덩어리'라는 의미에서의 '육체'가 아니다. 인간의 신체를 영어에서는 'body'로, 독일어에서는 'Körper'로 나타내는데, 이러한 단어들은 신체가 지닌 '물체'의 측면만을 강조하기 때문에 '시체'를 지칭하는 데에도 쓰인다. 그러니까 신체의 의미를 오직 일정한 질량과 부피를 가진 물체, 즉 고깃덩어리로서의 육체에만 국한한다면 산 사람의 신체와 죽은 사람의 신체는 전혀 구분되지 않는다. 이러한 이해는, 신체를 마치 용기와 같은 것으로 보고, 인간의 영혼이 거기에 담길 수 있으며 또 죽은 다음에 영혼이 분리되어도 여전히 물체로 남을 수 있는 것으로 간주한다.

데카르트[R. Descartes]의 심신이원론이 대표하는 것처럼, 인류 지성사에서 이러한 관념은 17세기 과학혁명 이래 자연과학의 발전과 궤를 같이하여 형성되었다. 해부학·신경생리학·뇌과학·의학 등 현대를 주도하는 객관과학은 인간의 신체를 철저하게 기계론적 원리에 따라 움직이는 물체, 즉 자연물로 간주한다. 이러한 맥락에 주의를 기울이면서 나는 살아 있는 인간의 신체를 '몸'이라고 지칭할 것인데, 이는 후설이 '쾨르퍼[Körper]'와 구분하여 '라이프[Leib]'라고 부르고 메를로퐁티가 '르

꼬르 프로프르 le corp propre'라고 일컬은 것으로, 영어로는 'living body' 또는 'lived body'라고 번역할 수 있다. 전자는 자연과학의 3인칭적 시선에서 파악되는 객관적인 신체를 가리키지만, 후자는 주체가 1인칭의 관점에서 파악하는 '살아 있는 몸'을 지칭한다. 이러한 현상학의 구분을 염두에 두면서 엘리아데의 『성과 속』으로 돌아가 보자.

엘리아데에 따르면 종교적 인간에게 몸은 한낱 물체일 수 없으며 그 자체로 하나의 살아 있는 '소우주 小宇宙'와 동일시된다. 앞서 4장에서 공간을 분석하면서 '우주'라는 개념을 고찰하였는데, 우주는 신에 의해 창조된 하나의 '질서'이자 인간이 살아가는 '집'으로서 성스러운 의미를 지니고 있음을 확인하였다. 그렇다면 소우주로서의 인간의 몸 역시 마찬가지로 신에 의해 창조된 하나의 질서이자, 영혼이 깃들어 살아가는 집으로서 성스러운 의미를 지닐 수밖에 없다.

그런데 여기서 영혼이 몸에 '깃든다'는 표현은 영혼을 '담는다'는 말과 같지 않다. 왜냐하면 후자는 마치 영혼과 육체가 분리될 수 있음을 전제하지만, 전자는 영혼과 신체가 불가분하게 얽혀 있는 '육화 embodiment'를 뜻하기 때문이다. 즉 나의

[그림 27-1]
몸의 심령 에너지 차크라(Chakra)

[그림 27-2]
비트루비우스적 인간에서 대우주와 몸

정신은 나의 육체와 분리되는 독립적인 실체가 아니다. 오직 살아 있는 몸 '안에서' 또는 살아 있는 몸을 '통해서'만 나의 영혼도 살아 있는 것이며, 더 정확히 말하면 나의 영혼은 살아 있는 몸'으로서'만 존재한다. 따라서 몸을 신성한 것으로 간주하는 것은 곧 영혼을 신성한 것으로 간주하는 것과 같다.

이러한 관념은 동서양을 막론하고 과거 인류에게 보편적인 관념이었다. 인간이 소우주라는 사상은 동아시아의 전통 의술에서 가장 기본이 되는 전제이기도 하지만, 서양에서도 17세기 과학혁명 이전 르네상스 시기만 하더라도 인간의 몸과 장기는 천문도天文圖와 주요한 별자리에 상응하는 질서 체계로 이해되었다. 현대 문명을 지배하고 있는 객관과학의 관점에서 보자면, 한의학과 같은 전통 의술은 '사이비 의학'에 지나지 않으며, 천문-지리-인간을 동일시하는 관념은 명백히 범주가 다른 사태를 뚜렷한 근거 없이 엮는 '유사 과학'이나 미신에 불과한 것으로 치부된다.

그럼에도 현대를 살아가는 우리가 인간의 몸이 소우주라는 관념을 완전히 벗어던지고 살아가는 것은 아니다. 만약 객관과학으로서의 현대 의학만이 유일한 진리라고 한다면, 여전히 음양오행의 원리에 따라 MRI로도 위치를 특정할 수 없는 혈을 찾아 침을 놓고 기를 보충해 준답시고 온갖 약재를 달여 주는 한의학에 대한 수요가 여전함은 어찌 설명할 수 있는가? 군이 "건강한 신체에 건강한 정신이 깃든다*Anima Sana In Copore Sano*"는 고대 그리스의 격언을 언급하지 않더라도, 건강을 유지하고 증진하기 위한 현대인의 관심과 노력은, 막연한 형식으로나마 신체와 영혼 사이의 동형성이라는 관념을 여전히 보존하고 있는 것으로 해석해야 하지 않을까? 즉 인간이 그저 우주 안에 객관적으로 존재하는 것이 아니라 우주를 집으로 삼아 거주하는 것처럼, 영혼 역시 몸에 거주하면서 그 안에서 하나가 되어 있다.

그렇기 때문에 인간의 몸을 이루는 각 기관과 지체들은 '균질적'이지가 않다. 우리는 균질성을 띠던 객관적 공간이 특정한 중심을 축으로 하여 비균질적인 공간, 즉 구조와 형태를 지닌 질서로 재편되고 또 그 구조에서 상대적 위치에 따라 의미가 달라지는 것을 앞에서 살펴본 바 있다. 이처럼 인간의 몸에서도 유독 중요한 가치를 지니는 것으로 간주되는 부위가 있는데, 바로 '머리'다. 인간의 몸에서 머리는 공간 구조에서 가장 '높은 곳'에 대응하며, 그런 의미에서 가장 성스러운 의미를 부여받는 것이다. 엘리아데는 요가 수행자가 죽으면 두개골을 깨뜨리는 관습을 예로 드는데, 이것은 죽은 사람의 영혼이 성스러운 영역에 해당하는 머리 부분을 통하여 떠나간다는 믿음에 기반하고 있다. 지붕을 깨뜨려 천장이 하늘을 향해 열리게 되면 영혼이 쉽게 떠날 수 있게 된다는 관념은 신체의 머리와 건물 지붕과의 상동성을 상징한다. 사람이 죽었을 때 초혼의 의식을 지붕 위에 올라가서 행하는 것 역시 이러한 맥락에서 자연스럽게 이해된다.

3. 통과의례

　지상에서 천상으로의 공간상의 이행이, 속의 영역에서 성의 영역으로의 이행을 상징하는 것처럼, 영혼이 몸으로부터 머리를 통해 빠져나간다는 시각적 이미지는 —반드시 죽음과 관련된 것이 아니라 하더라도— 종교적 의미가 담긴 신비체험을 상징한다. 신비체험의 차원에서 그것은 하나의 '탈자脫自', '엑스터시ecstacy'로서의 '초월超越'을 상징하게 되는데, 바꾸어 말해 그것은 제약된 세계의 폐기, 지평의 돌파, 하나의 존재양식에서 다른 존재양식으로의 이행, 그렇게 함으로써 획득되는 절대적 자유와 존재의 성숙을 의미하는 것이다. 우주·사원·집·신체와 같은 코스모스의 모든 형태는 더 높은 차원의 세계로 이행하는 통로로서 출구를 지니고 있는데, 인간의 삶의 과정 역시 비슷한 맥락에서 이해될 수 있다.

　'통과의례通過儀禮'란 문자 그대로 인간이 살아가면서 새로운 지위·신분·상태로 이행하는 성장 과정에서, 주요한 단계를 통과할 때에 행해지는 의례를 뜻한다. 인생의 주요 단계를 통과한다는 관념은 자연스럽게 '문(門)'의 이미지로 표상되는데,

중요한 것은 이러한 문을 통과하는 일이 위험을 수반하는 고되고 험난한 과제를 요구한다는 점이다. 그러니까 여기서 문이 가리키는 것은 바늘구멍과도 같은 '좁은 문'이다. 인간의 삶은 생물학적 탄생과 더불어 시작되지만, 그저 목숨을 부지하고 있는 것만으로는 진정한 의미에서 살아 있다고 말할 수 없다. 인간은 삶이 진행되는 주요 길목마다 기존의 존재로서는 사멸하고 새로운 존재로 거듭나야 하는 과제를 수행해야 한다.

상징적 죽음과 재탄생을 통해 불완전한 상태에서 완전한 상태로 이행하는 의식인 과도기적 통과의례는 '존재의 성숙', '더 높은 차원으로의 이행', 그러니까 '초월'을 상징한다. 이렇게 초월로서의 통과의례가 갖는 문의 성스러운 의미를, 우리는 이미 4장에서 고찰한 바 있는 '문지방'을 통해 다시 한번 확인할 수 있다. 문지방은 차별화되는 영역을 넘나드는 '경계' 또는 '한계'의 역할을 한다. 즉 기존의 존재에서 다른 존재로 나아가는 이행의 과정에서 인간은 반드시 과도기적 '임계' 상황을 마주하게 되는데, 이는 영역을 구획하는 경계를 뜻하기도 하지만 거기에 더하여 어떤 한계적 상황, 즉 고통과 괴로움을 동반하는 곤경과 난제를 시사하기도 한다.

마찬가지로 통과의례는 '다리'로 표상되기도 하는데, 여기서 다리는 양쪽의 곡벽이 급경사를 이루고 있으면서 폭이 좁고 깊은 골짜기에 위태롭게 매달려 시종 흔들거리는 '외줄'로 이해하는 편이 적절하다. 반대편에 도달하기 위해서는 외줄에 의지한 채 낭떠러지를 사이에 둔 협곡을 건너야만 하며, 이는 그야말로 명운을 건 모험과도 같은 것이다. '모험冒險'이란 말 그대로 '위험을 무릅쓴다'는 뜻이므로, 그 과정에서 불안과 고통 및 죽음마저 감내해야 하는 것은 당연한 이치다.

문지방·좁은 문·다리의 이미지로 표상되는 통과의례는 결국 기존의 존재와의 '단절' 내지 '폐기'를 수반하며, 험난한 과제를 수행함으로써만 다른 존재로 이행·초월할 수 있음을 의미한다. 종교적 인간에게 진정한 삶이란 그저 먹고 마시는 데에 부족함 없이 연명하는 것이 아니라, 일종의 '퀘스트quest', 즉 성스러움을 찾아가는 '탐색' 및 '임무' 수행의 '여정旅程'을 뜻한다. 인간이 성스러운 존재로 살아가기 위해서는 반드시 기존의 존재로서는 죽어야 하며, 상징적 죽음이라는 과도기를 겪음으로써만 비로소 새로운 존재로 다시 태어날 수 있는 것이다.

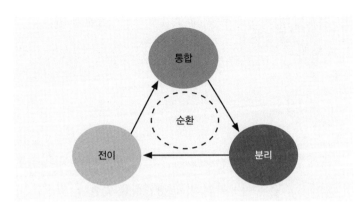

[그림 28] 통과의례의 단계와 구조

　이로써 우리는 분리separation → 전이transition → 통합incorpo
ration이라는 존재 이행의 3단계가 바로 통과의례의 보편적 구
조임을 확인할 수 있다. 이 과정은 선형적이기보다 순환적이
다. 형식적인 측면에서만 보자면 세 번째 단계인 통합은 첫
번째 단계인 분리가 일어나기 전의 상태로 회귀한 것으로 보
일 수 있다. 하지만 이러한 순환은 무의미한 도돌이표가 아니
라 존재 의미 면에서의 확연한 질적 차이를 수반한다.

　인간은 삶에서 이러한 상황을 대체로 사회적 지위·신분·
상태가 급격하게 변화하는 과정에서 마주하게 되는데, 성년

식·결혼식·장례식과 같은 '관혼상제冠婚喪祭' 의례가 이를 단적
으로 보여 준다.

4. 성년식

　'관례冠禮'란 일정한 연령에 이른 남자가 머리를 묶어 상투
를 틀어 올리던 동아시아의 전통 성년식을 뜻한다. 일정한 나
이에 이른 여자가 쪽을 찌고 비녀를 꽂는 것을 관례와 구분하
여 '계례笄禮'라고 칭하기도 하는데, 남녀를 불문하고 성년에 이
른 사람이 치르는 성년식(성인식)을 통칭하여 관례라고 부르기
도 한다. 이러한 성인식의 전통은 비단 동아시아에만 있던 것
이 아니다. 비록 그 형태와 양상이 다르다 하더라도 ─심지어
한·중·일 동아시아 문화권 내에서도 민족마다 상투를 틀고
쪽을 찌는 방식은 천차만별이다─ 서양을 비롯한 여러 문화
권에는 각기 고유한 성년식 의례가 존재해 왔으며, 현대에도
그러한 전통을 보존하고 있는 곳도 많다.
　한국의 경우, 일제강점기와 전쟁을 거치며 서구적 근대를
모델로 한 급속한 산업화와 도시화가 진행되면서, 관례나 계

례는 백과사전에서나 간신히 찾아볼 수 있는 사문화된 전통으로 전락해 버렸다. 오늘날 한국에서 성인식이라고 하면 으레 장미꽃을 주고받으며 축하하는 기념일 정도로 그 의미가 퇴색되어 버렸는데, 여기서는 존재의 성숙과 거듭남을 위한 명운을 건 모험과 같은 통과의례의 본의를 좀처럼 찾아볼 수 없다. 공산주의 혁명, 특히 문화대혁명 시기를 거치면서 전통문화 대부분이 악습과 폐단으로 낙인찍혀 말살된 중국은 그 사정이 한국보다 더하면 더했지 나을 것이 전혀 없다. 그런 의미에서 중국과 한국은 이미 대단히 탈신성화된 사회인 것이다.

반면 일본만 해도 사정은 조금 다르다. 공식적으로는 1948년에 '성인의 날成人の日'이 제정되었다고는 하지만, 이렇게 특별한 날을 제정하여 기리는 것은, 단지 '위로부터' 국가가 일방적으로 선포를 해서만 되는 것이 아니라 먼저 일본 문화사회, 즉 '아래로부터' 민중의 삶에 성인식이라는 것이 확고하게 뿌리내려 있지 않으면 안 된다. 오늘날에도 일본인들은 성인식에 커다란 의미를 부여하는데, 이들은 간소화된 약식이나마 전통 의복을 입고 고래로 이어져 오는 의식을 치르게 된다. 이

제 자신이 비로소 어른이 되었음을 왁자지껄하게 그러나 본질적인 면에서는 엄숙함을 잃지 않은 채 가족과 친지로부터 인정받는 것이다.

유대인의 전통은 더욱 철저하다. 유대교에서는 12-13세가 될 무렵 유대교 율법에 따라 성년식을 치르게 되는데, 이러한 의례를 치른 뒤에는 남아와 여아를 각기 '율법의 아들'과 '율법의 딸'이라는 의미로 '바르 미츠바Bar Mitzvah'와 '바트 미츠바Bat Mitzvah'라 부르게 된다. 종전까지 어린이는 자신의 행위에 온전히 책임을 질 수 없었으므로 그들을 교육하고 지도하는 것은 부모의 몫이었으나, 이제는 자신의 행동에 책임질 성숙한 어른이 되었으므로 유대교 율법 및 전통을 준수할 몫이 성년을 맞은 당사자에게 귀속된다. 어른이 된다는 것은 '책임'과 '의무'가 부과되는 부담스러운 일로 생각될 수 있겠으나, 결코 간과해서는 안 되는 점은 바로 그와 더불어 비로소 공동체의 여러 영역에서 의사 결정에 참여할 수 있는 '자격'과 '권리'도 함께 얻는다는 사실이다.

여기서 알 수 있는 것처럼, 성년식은 단순히 어른이 되었음을 기뻐하는 날이 아니다. 가족을 포함한 친지와 지인이 모

[그림 29] 유대교의 성년식, 바르 미츠바(Bar Mitzvah)

여 도대체 무엇을 축하하고 기념할 것인가가 성년식의 본질
이자 핵심이다. 단순히 생물학적인 관점에서 보아도 일정한
나이에 이르렀다는 사실만으로 성대한 축하를 받을 이유는
없기 때문이다. 말을 곱씹어 보면 '성인成人'이란 '된 사람'을 가
리킨다. 바꾸어 말하면 성인식을 치르기 전까지는 아직 사람
이 되지 않은 것이며, 성인식을 치르고서야 비로소 '사람이 되
는 것'이다.

　　여기서 말하는 '사람'이란 단지 생물학적 인간을 지칭하는
것이 아니다. 신생아는 인간 종에 속한 개체로 이미 오래전

에 탄생했다. 그런데 단순히 영유아기·아동기를 거치면서 신체적 발육이 진행된다고 하여 어린이가 곧장 '사람 구실'을 할 수 있게 되는 것은 아니다. '사람 노릇'을 하려면 어른이 되어야 하는데, 여기서 '어른이 된다'는 것은 단순히 신체에 국한되지만은 않은 정신적 성숙, 그러니까 자신의 행위에 책임질 줄 알고 일정한 의무와 함께 권리를 가지며, 진정한 의미에서 공동체 구성원으로서 역할을 할 수 있는 '사람의 자격'을 획득하는 것을 뜻하기 때문이다.

바로 그런 까닭에 성년식의 조건은 그저 살아 있기만 하면 언젠가 자연히 도달하게 되는 물리적 나이가 아니다. 한국의 전래동화를 보면 드물지 않게 바보 총각과 같은 캐릭터가 등장하는데, 이는 생물학적으로 꽤 나이는 먹었으나 상투를 틀지 않고 더벅머리를 하고 다니거나 여전히 댕기를 드리운 채 마을의 꼬마들과 어울려 노는 천진난만하면서도 살짝 모자른 듯한 인물로 형상화되는 경우가 많다. 이것은 그가 아직 진정한 의미에서 공동체 구성원의 자격을 얻지 못했음을 보여 준다. 즉 육체만 커졌지 아직 정신은 충분히 자라지 못했다는 뜻이고, 따라서 진정한 의미에서 책임과 의무 그리고 권리를 부여할 수 없는 '미성숙한 존재'임을 시사하는 것이다.

성년식은 사회·문화 공동체 구성원의 자격을 공식적으로 인정받는 '입사식入社式'이며, 인생에서 가장 먼저 찾아오지만 그 의미는 결코 가볍지 않은 중대한 통과의례다. 어른이 된다는 것은 어린이로 살아왔던 과거의 삶 전체를 전면적으로 폐기하고 단절하는 것이며, 이제 비로소 더 높은 차원의 성숙한 존재로 거듭남을 뜻하기 때문이다. 즉 상징적 의미에서, 성년식의 해당자는 어린이로서는 '죽어야' 하며 이제 어른으로 '다시 태어나야' 하는 것이다. 그런데 좁은 문으로 표상되는 것처럼, 성년이 되는 것은 자연스럽거나 수월한 일이 아니며 위험을 무릅쓴 고난의 체험을 반드시 대가로 요구하게 마련이다.

영화 《300》을 보면 고대 스파르타에서는 아이를 전사로 키우기 위해 마을을 떠나 한동안 동굴에 머물면서 맹수를 사냥해 돌아오게 하는 '과제mission'를 부과했다고 한다. 맹수를 잡아 살아서 돌아오면 전사로 공인받게 되지만, 이러한 통과의례는 목숨까지도 걸어야 하는 위험천만한 일이었을 것이다. 오늘날에도 아프리카의 많은 부족에서는 줄 세워 놓은 여러 마리 소의 등을 밟고 넘게 하거나 번지점프처럼 외줄을 매

[그림 30] 에티오피아 어느 부족의 성년식

달고 높은 절벽에서 낙하하게 하는 '임무'를 부여하는데, 이러한 '과업'을 온전히 수행해 내지 못하면 남성을 어른으로 대우하지 않는다. 성인으로 인정받지 못한 남성은 여성을 골라 아내로 맞을 수도 없고, 생산 활동에 참여하여 자신의 정당한 몫을 갖는 것이 불가능하다. 오직 과업을 제대로 완수한 남성만이 어른으로 인정받고 결혼하여 가정을 이룰 수 있으며, 재산을 형성할 권리를 가질 뿐만 아니라 공동체의 의사 결정에 참여할 자격을 획득한다.

그렇다고 오로지 남성만이 성년식을 치르는 것은 아니다. 여성을 위한 성년식도 당연히 존재하는데, 그 결정적 계기는 바로 '초경初經'이다. 앞서 6장에서 살펴본 것처럼 월경이란 여성이 생명을 창조할 수 있는 존재임을 확인할 수 있는 단적인 증거다. 비록 출생과 동시에 일차성징을 통해 신생아의 성별을 구분한다고는 하나, 실상 아동기까지는 남아와 여아의 차이는 크지 않다. 세부적으로는 차이가 있더라도 남아든 여아든 아이는 그저 아이일 뿐이며, 성별의 차이가 확연히 드러나는 계기는 청소년기를 거치면서 발현하는 이차성징이다. 특히 여성의 초경은 이제는 더 이상 소녀가 아니라 여인이 되었음을 보여 주는 획기적인 변화이자, 성스러운 의미를 담고 있는 '존재론적 사건'이다. 여자가 된다는 것은 아이를 출산하고 어머니가 될 수 있는 자격을 갖추었음을 의미하기 때문이다.

그런데 엘리아데에 따르면, 소녀가 초경을 겪고 여인으로 인정받기 위해서는 새로운 존재로 거듭남을 보증하기 위한 상징적 의례를 거쳐야만 한다. 소녀는 친숙했던 세계로부터 단절되어 고립된 곳에서 불편한 생활을 견디다가 다시 마을로 돌아온 다음에야 비로소 공동체로부터 여성으로 인정을 받게 되는데, 특정한 표식이나 장신구를 착용하거나 신체에 상처나 문신을 새겨 이러한 인정을 공표하게 된다. 오늘날 같으면 초경을 겪은 소녀를 안심시키고 격려해 주지는 못할망정 가혹하게 대우하는 것이 성감수성 무지나 인권침해로 간주될지도 모른다. 하지만 종교 상징의 관점에서 보면 존재론적 이행은 반드시 중간적 상태로서의 '과도기'를 거쳐야만 한다. 즉 소녀가 고립된 오두막과 같은 낯선 환경에 머무는 것은 새로운 존재로 이행하는 과도기이며, 다시 일상으로 복귀하기 위해 거쳐야 하는 관문인 것이다.

앞서 살펴본 것처럼, 물에 잠기는 것, 괴물의 배 속으로 들어가는 것, 땅속에 매장되는 것, 입사의 오두막에 갇히는 것 등은 모두 같은 맥락에서 이해된다. 그것은 바로 새로운 탄생을 준비하기 위한 '혼돈으로의 회귀' '원초적 미분화 상태로의 회귀' '우주적 밤으로의 회귀', 다시 말해 '자궁으로의 회귀regressus ad uterum'를 상징한다. 초경을 겪은 소녀가 머무는 '입사의 오두막'은 이 세상에 태어나기 이전의 원초적 상태인 어머니의 자궁을 상징하는데, 이러한 상징이 필요한 이유는 과거의 존재가 죽음을 맞이하고 새로운 존재로 다시 살아가기 위해서는 그 이전에 반드시 탄생 이전의 원초적 혼돈을 겪어야만 하기 때문이다.

이러한 혼돈은 필연적으로 시련이기도 한데, 이렇게 고난을 동반한 시험을 통과한 다음에야 비로소 진정한 이름이 주어지게 된다. 영화 《블랙팬서》를 보면 주인공이 왕위를 계승하기 전에 자신이 왕관의 무게를 감당할 자질과 능력이 있는지를 검증해 보이기 위해 여러 가지 테스트를 거치는 모습이 등장한다. 혹독한 시련과 모험의 과정을 겪고 정당한 자격을 입증한 후 왕에 취임하기 전날 밤 땅에 누워 흙으로 덮이는 장면은 '자궁으로의 회귀'를 단적으로 보여 준다. 잠시나마 땅속에 묻히는 가사假死 체험 속에서 주인공은 선대왕인 아버지를 영접한다. 이러한 의례는 왕위 계승의 정통성을 보증하고 새로운 왕의 탄생을 예비하는 상징적 죽음으로 이해될 수 있다.

일상적 삶 속에서 행해지는 위와 같은 성년식·관례에도 고난과 시련을 통해 성숙한 존재로 거듭남이라는 종교 상징으로서의 의미가 담겨 있지만, 인류 역사에서 가장 모범적으로 이러한 성스러움을 몸소 드러내 보인 존재는 바로 '성인聖人'일 것이다. 성스러운 존재로 거듭나기 위해서, 그것도 가장

[그림 31-1] 석가모니의 고행　　　　　[그림 31-2] 예수의 수난

탁월한 의미에서 초월적인 존재로 이행하기 위해서, 석가모니 및 예수와 같은 성인은 범속한 중생이 차마 상상하기조차 어려운 가혹할 정도의 시험을 감내하고 이겨 내야만 했다.

　인류가 석가모니를 경배하는 것은, 바로 그가 이 세상에 태어나 인간으로서 겪을 수 있는 최고의 번뇌를 겪고 나서야 비로소 참다운 진리를 깨달았기 때문이다. 마찬가지로 인류가 예수를 경배하는 것은, 그가 신의 아들임에도 불구하고 인간을 죄로부터 구원하기 위해 자신의 죽음을 기꺼이 받아들였기 때문이다. 이슬람교의 성인 무함마드나, 그 외 다른 종교 전통에서 경외하는 성인들도 모두 진리를 깨닫기 전에는 외적·내적으로 시련과 고뇌를 겪었다는 공통점이 있다. 성인은 인간으로서의 고통과 세상사의 시험을 끝내고 마침내 이 세계 자체를 가장 탁월하고 모범적인 방식으로 초월함으로써 성스러움을 구현한 사람인 것이다.

5. 결혼식

다음으로 살펴볼 통과의례는 '결혼식結婚式'이다. 우리는 앞서 6장에서 성스러운 자연을 고찰하면서 세계 만물의 창조가 아버지인 하늘의 신과 어머니인 땅의 신 간의 신성결혼의 산물이라는 점을 언급한 바 있다. 신들의 결혼과 마찬가지로 인간의 결혼 역시 그 자체로 성스러운 의미를 지니고 있다.

일설에 한국에서는 전통적으로 '혼인婚姻'이라는 말을 써 왔으나 일제강점기 이후 '결혼'이라는 일본식 한자어가 보급되는 바람에 대중에게 익숙한 말이 되었다고 한다. 그러나 언어

전문가가 아닌 입장에서는 양자에 어떤 뉘앙스 차이가 있는지 짐작하기 어렵다. 중요한 것은 남녀가 부부의 연을 맺음으로써 생기게 되는 존재론적 변화이며, 이러한 존재론적 변화에 담긴 통과의례의 성스러운 의미다.

먼저 결혼식을 마친 후에 떠나는 '신혼여행'을 생각해 보자. 이제 새롭게 부부가 된 남녀에게 신혼여행은 무엇을 의미할까? 상식의 차원에서는 결혼식을 치르느라 애썼으니 며칠 좋은 곳에서 쉬다가 돌아오는 휴식이나 충전의 의미로 짐작될 것이다. 신혼여행을 지칭하는 단어인 '허니문honeymoon'이 '꿀처럼 달콤한 밤(蜜月)'을 뜻하는 것을 미루어 보면, 거기에는 분명 신랑과 신부가 사랑을 확인하며 둘만의 오붓하고 다정한 시간을 즐기라는 뜻도 담겨 있을 것이다. 그러나 여기서 우리가 간과해서 안 되는 측면이 있다. 신혼여행이 위에서 말한 정도의 의미만을 지닌다면 연인끼리 떠나는 보통의 다른 여행과 도대체 다를 것이 무엇이냐는 의문이다. 신혼여행의 관행이 시대와 지리를 초월하여 아주 오래전부터 다양한 문화권에서 공통적으로 발견될 만큼 보편성을 띤다면, 여기에는 분명 어떤 특별한 의미가 있어서일 것이다.

이에 대해서 우리는 엘리아데의 논의를 참고할 수 있다. 엘리아데가 『성과 속』에서 신혼여행에 관해서는 딱히 언급하고 있지 않지만, 그럼에도 신혼여행에 담긴 성스러운 의미를 이해하는 데 엘리아데의 통찰을 적용하는 것은 매우 적절하다. 우리는 앞서 성년식을 고찰하면서, 과거의 존재로부터 새로운 존재로 거듭나기 위한 과도기적 단계인 '자궁으로의 회귀'를 살펴보았다. 이로부터 신혼여행의 의미를 추론해 보자면, 단지 결혼식을 치렀다고 곧바로 부부가 되는 것은 아님을 알 수 있다. 각자 다른 삶을 살던 남녀가 문자 그대로 일심동체가 되기 위해서는, 부부라는 새로운 단위적 존재가 탄생하기 위한 상징적 죽음과 부활의 계기가 필요하다. 그렇기에 신랑과 신부는 자신에게 익숙한 곳, 앞으로 삶을 영위해 나갈 일상 세계로부터 다소간 떨어진 공간적 장소에서 급격한 변화가 일어나는 얼마간의 시간적 지속을 보내야 한다.

이렇게 존재론적 변화가 일어나는 과도기적 상태의 시공간은, 일상적 시간의 흐름에서 이탈해 있고 눈앞에 펼쳐진 일상적 공간과 격리되어 있다는 점에서, '전혀 흐르지 않는 시간'이자 '아무것도 보이지 않는 공간'과도 같다. 그러니까 일체의 시간 감각과 공간 감각을 상실할 것만 같은 꿀처럼 달콤한 밤은 객관적 시공간은 물론 일상적 시공간마저 넘어서 있는 '우주적 밤'으로 회귀하는 것이다. 그러므로 부부가 성적으로 하나 되는 몽환의 체험은 분화된 질서로서의 현실성을 초월해 있는 미분화된 원초적 카오스를 뜻한다. 그것은 무질서가 아니라 새로운 존재를 예비하고, 새롭게 탄생할 존재에 의해 펼쳐질 새로운 삶의 태동이 시작되는 원천이다. 결국 신혼여행이란 본질적으로 통과의례를 위한 '입사의 오두막'을 상징하는 셈이다.

이제 신혼여행에서 돌아온 신랑과 신부는 다시 일상적 삶의 세계로 복귀한다. 가족과 친지에게 부부로서 인사를 드림으로써 명실상부 공인된 부부로서의 삶을 시작한다. 결혼생활에서 다사다난하게 펼쳐질 사건들을 일일이 언급하는 것은 어렵지만, 단적으로 부부의 삶에서 가장 획기적이고 중요한 사건을 하나 꼽자면 자녀가 태어나는 일이다. 이것은 그저 함께 살아갈 식구가 하나 늘었다는 객관적 사실로 표현하기에는 부족한, 부부의 삶을 송두리째 흔들만치 엄청난 변화를 요구하는 그야말로 존재론적 사건이다. 즉 부부는 이제 '부모'로서의 삶도 살아야 하는 것이다.

살다 보면 드물지 않게 "부모 되기는 쉬워도 부모 노릇하기는 어렵다"는 말을 듣게 되는 경우가 있다. 언뜻 읽어서는 동어반복처럼 들리기도 하는 이 말의 핵심은, 앞의 '되기'와 뒤의 '노릇하기'의 의미 차이를 구분하는 데에 있다. 전자는 '생물학적 관점'에서의 '생식'을 뜻한다. 정자와 난자의 수정·착상·임신·출산에 이르는 과정은 비단 인간만이 아니라 유성생식을 하는 거의 모든 동물에게 공통적인 객관적 사실이며, 성적 결합이라는 원인 행위가 이루어지면 이렇다 할 자격 조건 없이도 원리상 가능한 자연 현상일 뿐이다. 가령 뉴스에서 신생아·영유아를 유기하거나 살해하는 사건을 보고 있노라면, 그렇게 잔인무도한 짓을 저지르는 인간마저도 생물학적 기능만 놓고 보면 자식을 낳는 데에는 아무런 하자가 없음을 말해 준다.

반면 후자는 사회·문화 전반을 아우르는 '정신적 관점'에서의 '양육'과 '교육'을 뜻한다. 양육은 아이의 몸을 기르는 것이고, 교육은 아이의 정신을 기르는 것이다. '기르는 것'은 '자라는 것'과 다르다. 자라는 것은 자연적 본성에 따르는 것이지만 기르는 것은 정신이 관여하는 목적 행위이기 때문이다. 물론 제때에 꼬박꼬박 먹을 것을 주기만 하면 아이의 신체는 스스로 자란다. 하지만 아이를 기르는 일에는 신체의 발육과 성장이라는, 자연적 측면으로는 환원되지 않는 정신적 차원이 존재한다. 기른다는 것은 '자라게 하는 것'으로, 여기에는 목적과 이상이 설정되어야 하고, 그에 도달하게 하는 방법과 방식에 대한 고민이 필요하다. 무엇보다도 사랑을 기반으로 희생까지 감내할 수 있는 부모의 각오 및 의지가 요구된다. 즉 부모 노릇하기는 단지 낳아서 먹이는 것으로 그치지 않으며 ─물론 이것조차도 말처럼 쉽기만 한 일은 아니다─ 정신적 존재로서 아이를 어떻게 기르고 가르치느냐의 문제인 것이다.

정신적 존재란 무엇인가? 그것은 바로 의미의 세계에서 살아가는 존재를 뜻한다. 정신적 존재는 의미의 세계에서 살아갈 뿐만 아니라 동시에 자신이 살아가는 의미의 세계를 구성한다. 정신적 존재는 세계를 한낱 물리적·객관적 사실로 이루어진 사물의 총체가 아니라, 그러한 측면을 넘어서 존재하는 가치·목적으로 이루어진 의미의 총체로 체험한다. 이렇게 의미로 이루어진 세계는 한편으로는 과거 세대로부터의 전승을 통해 반복·지속되면서, 동시에 다른 한편으로는 새로운 세대의 출현으로 인해 부단히 갱신·혁신된다. 그러므로 의미의 세계는 사회·문화·역사를 지닌 인류의 삶과 같다.

이렇게 뻔한 이야기를 하는 것은, 결국 부모로서 아이를 낳아 기른다는 행위가 단순히 생물학적 개체로서의 인간을 생산하는 것과 완전히 차원이 다르다는 점을 강조하기 위해서다. 아이를 낳아 기르는 것은 또 하나의 의미 세계를 창조하는 일이고, 아이의 삶을 매개 또는 연결고리로 하여 인류의 공동체적 삶의 세계를 재생산하는 데에 참여하는 일이다. 엘리아데의 표현을 빌리자면 그것은 신에 의한 우주 창조에 비견되는 것으로, 아이를 낳아 부모가 되고 아이를 기르며 부모 노릇을 하는 것은 성스러움으로 가득한 신성한 일인 것이다.

이러한 관점에서 보면 부모가 되기 위한 선결 조건으로서의 남녀 간의 성적 결합은 단순히 생리적 욕구를 충족하기 위한 행위일 수가 없다. 그것은 어떤 가치와 목적 속에서 정신적 의미 세계로서의 또 하나의 우주를 창조하는 데에 가담하는 그 자체로 성스러운 행위이다. 즉, 성(性)은 성스러운 것(聖)

이며, 결혼은 본질적으로 하늘과 땅이라는 신성의 결합인 것이다. 범속한 인간의 눈으로 보면 신랑과 신부가 부부 됨을 증언하는 일은 결혼식에 초대된 하객의 몫인 것 같지만, 성스러움을 추구하는 종교적 태도에서 보자면 신성혼을 증언하는 것은 온 우주에 존재하는 여러 신들이다. 성혼서약은 주례자와 하객에게 하는 것이 아니라 여러 신들 앞에서 행하는 것이며, 그렇기에 신성한 맹세라고 하지 않을 수 없는 것이다.

6. 장례식

이제 인간이 사망했을 때 치르는 의례인 '장례葬禮'에 대해 알아보자. 앞서 6장에서 성스러운 자연을 논하면서 잠시 장례를 언급하기는 했으나, 여기서는 통과의례의 성격에 초점을 맞춰 살펴보기로 하겠다. 현대의 장례는 형식이 매우 간소화되어 시간 순서에 구애받지 않고 여러 단계를 한꺼번에 진행하거나 심지어 절차를 생략하는 경우가 대부분이다. 여기서는 우리나라 장례의 일반적인 절차를 알아볼 것이다.

사람이 임종에 이른 첫날에는 먼저 울면서 슬픔을 표하

는 '곡'을 하고, 이어서 '초혼'을 한다. 앞서 살펴본 것처럼 이러한 의식은 보통 지붕과 같이 높은 곳에 올라 행하게 된다. 그리고는 상주를 세우고 사람을 정해 역할을 나누어 맡게 한다. 오늘날에는 '염습'이 거의 동시에 진행되지만, 전통적으로 습과 염은 구분되는 단계였다. '습襲'이란 쑥이나 향나무를 우려낸 물을 이용해 고인을 목욕시키고 정갈하게 단장하는 것을 말한다. 이렇게 습을 마친 시신을 모시는 곳이 바로 '빈소殯所'다. 빈소가 차려지면 초상을 여러 사람에게 알리는 '부고'를 하고 '문상'을 받는다. '염殮'은 입관을 위해서 습을 한 시신을 싸서 전체적으로 직사각형이 되게 만든 후 염포로 묶는 일이다.

보통 사흘째 되는 날에는 '발인'을 한다. 발인은 본디 고인이 상여에 오르기 전 조상의 위패가 모셔진 사당에 하직 인사를 드린다는 뜻이지만, 오늘날은 영구를 장지로 운반하는 것을 지칭하게 되었다. 영구가 장지에 도착하면 토지신에게 고한 후 땅을 판 구덩이인 광중壙中에 영구를 내리는 '하관'을 한다. 하관을 하면 관에 입히는 베와 고인의 품계·관직·성씨 등을 기록한 명정을 덮고, 구덩이의 틈을 석회로 메우는 '회격'을 한다.

이어서 흙을 채우고 위로 쌓아 올려 묘의 형태를 갖추는 '봉분'을 하는데, 묘가 완성되면 토지신에게 제사를 지낸다. 축관은 "형체는 이미 광중으로 돌아가셨으나 혼은 집으로 돌아가십시오. 신주가 완성되어 모시겠으니, 신께서는 옛것을 버리시고 새로운 것에 기대고 의지하소서"라는 내용의 축문을 읽는다. 제사를 마치면 집으로 돌아와 신주를 받들어 영좌에 모시고 혼백은 상자에 넣어 신주 뒤에 놓는다.

이상으로 간략하게 장례 절차를 알아보았다. 『성과 속』과 관련하여 중요한 사실은, 위와 같이 순차적으로 이루어지는 여러 단계가 통과의례의 성격을 갖는다는 점이다. 통상 사흘에 걸쳐 장례를 치르는 것이 일반적인 관례인데, 이 기간은 이승에서 저승으로의 존재 이행이 일어나는 과도기의 의미를 갖는다. 말하자면 장례를 치르는 동안 고인은 '죽었으되 아직 죽지 않은' 것이다. 이것은 논리적으로는 명백히 모순이다. 그러나 엘리아데의 관점을 적용해 보면 이해하지 못할 바가 아니다. 왜냐하면 전자는 '생물학적 차원'을 뜻하는 반면 후자는 '존재론적 차원'을 가리키기 때문이다.

심장이 멈추고 숨이 멎는 즉시 인간의 사망이 선고된다. 그러나 시신을 모시는 장례 동안 고인은, 여전히 그리고 엄연히 이승에 존재하는 것으로 간주된다. 그러한 관념이 없다면 마치 살아 있을 때처럼 목욕을 시키고, 일상에서와 마찬가지로 영좌에 식사를 올리는 것(上食)을 도저히 설명할 수가 없다. 그런 점에서 빈소라는 장소는 매우 이중적인 공간이다. 삶과 죽음이 '교차'하며 '이행'하는 중첩성은 엘리아데가 말한 "대립하는 것이 하나로 일치하는 신비"를 드러낸다. 즉 어떤 존재가 완전히 다른 모습으로 탈바꿈하기 위해서는 과도기로서의 통과의례가 필요한 것이다.

봉분하여 매장을 하는 경우 묫자리를 '음택'이라고 부르는 것도 의미심장하다. '양택'이 이승에서 살아 있는 사람이 거주하는 집을 지칭하는 반면, 음택은 저승에서 죽은 사람이 거주하는 집을 가리킨다. 그런데 여기서도 형용모순이 등장한다. 죽은 사람에게 집이 왜 필요한가? 집이란 인간의 거주를 위한 공간인데, 사망한 사람에게도 살아갈 공간이 필요하다는 말인가? 죽은 자는 산 자와 같이 생물학적으로는 살아 있는 것이 아니지만, 존재론적으로는 혼백의 영이라는 양태로 여전히 살아 있다. 그러니까 생명체로서는 사멸하였지만, 생명체가 아닌 존재로서는 여전히 생존해 있는 것이다.

앞서 공간에서의 성현을 고찰하면서 우주는 코스모스이며 곧 인간이 살아가는 집이라는 점을 확인하였다. 우주에 존재하는 한, 인간은 죽어서도 거주하며 살아갈 공간이 필요하다. 시간의 관점에서도 마찬가지다. 과학적 합리성의 관점에서 보자면, 인간은 태어나서 자라고 늙어 죽는 직선적인 시간의 흐름 속에 있는, 그래서 시작과 끝이 있는 유한한 존재다. 그러나 성스러움을 추구하는 종교적 관점에서 보자면, 인간은 죽은 후에도 다른 양태로 이행하는 존재론적 순환의 속에서 살아가는 영원한 존재다. 명복이라는 것은 죽어서 저승에서 누리는 복이다. 이승에서의 죽음으로 존재가 끝나는 것이 아니기에 망자가 복을 누리길 바라는 것이다.

위와 같은 관념은 꼭 어떤 특정한 종교에 몸담고 신앙생활을 하는 사람만 가지고 있는 것이 아니다. 물론 종교가 있다면 위와 같은 성스러움을 좀 더 명료하면서도 확신에 찬 믿음을 가지고 체험하겠지만, 설령 비종교인이라도 인간이라면 누구나 인간의 죽음에 대해 가지고 있는 보편적 관념이 있다.

즉 아무리 객관주의·실증주의로 무장한 현대인이라 하더라도, 지인이 죽었을 때 시신을 한낱 자연에 존재하는 물체로 취급하지는 않는다. 존경의 마음을 담아 예우함으로써 고인을 기리는 것은 인지상정이며, 이것은 고도로 탈신성화가 진행되어 가는 현대 사회에서만이 아니라 인공지능[AI]이 지배하는 기계문명이 도래하더라도, 인류가 존속하는 한 영원히 사라지지 않을 인간의 가장 근원적인 본성일 것이다.

8장

—

인간의 근원적 본성인 종교성

1. 현대인의 삶에 드리운 종교성의 흔적

엘리아데에 따르면 현대인은 탈신성화된 삶을 살고 있다. 근대 계몽주의 이래 인간의 이성은 인류의 삶에서 주술적·미신적·비과학적 측면을 제거하고, 세계를 합리적으로 설명하는 것을 가장 중요한 목표로 설정하였다. 자연과학과 기술의 비약적 발전에 고무된 실증주의는 오직 눈에 보이는 현실 세계에 존재하는 것만을 믿는 객관주의적 경향을 강화시켰다. 전 세계적으로 신앙생활을 하거나 종교가 자신의 삶에 커다란 의미를 지니고 있다고 답하는 사람의 비율이 점점 줄어들고 있는 것이 이를 잘 보여 준다. 이러한 시대적 흐름 속에서 이성과 과학적 합리성을 중시하는 비종교적 인간은, 초월적인 것을 거부하며 심지어는 존재의 진정한 의미를 의심하거나 비난하는 데까지 나아간다.

그러나 엘리아데는 다음과 같이 물음을 던진다. 현대를 살아가는 인류의 다수가 탈신성화된 삶을 살아가는 비종교인이라 하더라도 종교적 태도에서 완벽하게 벗어나는 것이 가능한가? 그는 단언컨대 이것이 불가능하다고 답한다. 왜냐하면 앞서 살펴본 것처럼, 성과 속의 구분을 본질로 하는 종교는 삶의 의미를 찾고자 하는 존재의 근원적 본성이기 때문이다. 즉 다분히 세속적인 태도 속에서 살아가는 현대인이라 하더라도, 그는 여전히 종교적 인간의 삶에서 발견되는 특징인 성스러움의 흔적을 간직하고 있다.

여기서 '흔적'이라고 표현한 것은 성스러움을 추구하는 본성을 지니고 있다고 하여 그것이 직접적으로 특정한 종교에 대한 신앙으로 연결된다거나, 그렇지 않더라도 자신 안에 그러한 본성이 있음을 의식적으로 자각하고 있다는 것을 반드시 전제하는 것은 아니기 때문이다. 그러니까 종교성의 흔적이라는 것은 현대인의 삶에 희석된 형태로 남아 있는 일종의 암묵적 습관으로서의 행동양식과 같은 것이다. 즉 현대인은 무슨 행위를 하며 어떤 식으로 살아가든, 삶에서 무의식적으로나마 성스러운 의미·가치를 추구하지 않을 수 없다는 점에서 종교적 인간의 후예일 수밖에 없다는 것이다.

1) 집들이

예를 들어, '집들이'를 생각해 보자. 이사를 간 곳에 새로운 보금자리를 꾸리면, 친지와 친구를 초대하여 파티를 벌이는 것이 한국인에게는 흔한 일이다. 서양에서도 이른바 'house warming party'는 일종의 관례처럼 여겨진다. 그런데 이러한 전통이 갖는 의미를 생각해 보면, 다음과 같은 의문이 든다. 지인을 초대하여 식사하는 것은 순전히 사교 목적에서 행해지는 것인가? 만약 다분히 사회적 교제만을 위한 것이라면 식사는 아무 때나 또 아무 데서나 할 수 있는 것이다. 그러나 특별하게 집들이라는 이름까지 붙여 행하는 잔치는 일상의 다른 회식과는 질적으로 차별화된 의미를 지닌다. 그것은 바로 새로운 삶의 공간이 만들어졌음을 축복하는 것이다.

5장 성스러운 시간을 고찰하며 확인할 수 있었던 것처럼, 와자지껄한 축제는 태초에 활력과 에너지로 충만했던, 신에 의한 세계의 창조를 반복·재현하려는 행위다. 물론 이사해서 집들이하는 사람들이 반드시 종교인일 필요는 없고, 그들 자신이 성스러움을 추구한다는 명확한 의식을 가지고 집들이를 하는 것도 아니다. 하지만 차갑게 식은 채 죽음과 혼돈이 지배하는 물리적 공간에서 어둠을 물리치고 빛을 들여 생명력과 삶의 온기를 불어넣는 행위는, 카오스를 물리치고 코스모스가 출현하는 '우주'와 '세계'의 창조를 인간이 거주하는 '집'과 동일시하여 축원한다는 성스러운 의미를 지닌다.

2) 시련의 극복

다른 예를 살펴보자. 인간은 누구나 직업 세계에서 생존과 경쟁의 시련을 겪게 마련이다. 사업 실패는 말할 것도 없거니와 고용불안·해고·실업·미취업 역시 당사자에게는 엄청난 압박을 주는 일이다. 반드시 직업과 관련한 것이 아니라 하더라도 남녀노소 누구나 삶의 다양한 영역에서 이런저런 위기에 직면한다. 이러한 위기 상황은 이제까지 문제가 없었던 평범한 일상을 파괴하고 삶을 궁지로 몰아 영혼을 갉아먹고 찢어 놓는다. 그러나 재난적 충격을 감당하고 정신적이고 육체적인 수난과 고통을 겪은 후에야 비로소 자신이 어떤 존재인지를 성찰할 수 있게 되며, 이러한 시련의 과정은 자신의 운명을 수용하고 또 잠재성과 가능성을 발견하여 새로운 삶을 개척해 나갈 수 있게 하는 성숙의 계기로 작용한다. 이것은 반드시 특정 신앙을 갖는 종교인에게만 해당하는 것이 아니며, 비종교적 태도에서 범속한 일상을 살아가는 모든 인간에게 적용되는 이야기다.

엘리아데에 따르면, 이와 같은 인간의 성장과 발전 모델은 신과 영웅 그리고 성현의 통과의례 서사를 차용하고 있다. 영웅은 태어나면서부터 영웅으로 대접받는 것이 아니다. 그가 영웅이라 불리는 것은, 명운을 건 모험과 시련을 겪고 주어진 과업을 수행하였으며, 그러한 모범적 행위를 통해 자신의 역량과 존재를 입증했기 때문이다. 성현 또한 태어나면서부터 성현으로 추앙받는 것이 아니다. 그가 성현이라 불리는 것은, 육체적 수난과 정신적 시험을 겪으면서 진리를 깨달았으며, 그러한 모범적 행위를 몸소 실천함으로써 범속한 인류에게 성스러움 자체를 드러내 보여 주었기 때문이다. 이처럼 심리적 카오스를 겪는다는 것은 기존의 인격이 해체되고 새로운 인격이 형성되어 간다는 성스러움의 징표이며, 그런 점에서 삶의 '위기'는 성숙과 발전을 위한 '기회'이자, 새로운 존재로 거듭나기 위한 통과의례인 것이다.

3) 취미 생활

종교성이 전혀 없어 보이는 취미 생활에서도 종교성의 흔적을 엿볼 수 있다. 우리는 앞서 인간이 눈앞의 물질적·경제적 현실에만 매몰되어 있는 존재가 아니라, 본성상 초월적 영역을 향해 열려 있으면서 부단히 성스러운 의미·가치를 발견하기를 추구하는 존재임을 고찰하였다. 그런데 독서나 영화 감상과 같은 취미 활동 역시 무의식적으로나마 초월성을 지향하는 종교적 행위로 간주할 수 있는 여지가 있다. 왜냐하면 여가라는 것 자체가 일단 급박한 생계라는 현실적 요구에서 벗어나 마음의 눈을 돌려 비현실적 세계에서 삶의 의미를 찾으려는 행위이기 때문이다.

누군가는 이것을 가리켜 자신이 당면한 문제를 외면함으로써 현실로부터 도피하는 것이라고 부정적으로 평가할지 모른다. 하지만 반드시 심리적 위기를 겪는 사람들만이 문제 상황을 도외시하는 것은 아니다. 건강하고 진취적인 삶을 살아가는 사람조차 숨 돌릴 틈 없이 바쁘게 진행되는 일과 중에 기꺼이 틈을 내어 소설 읽기나 영화 관람을 즐긴다. 겉으로는 그저 기분전환 정도의 의미로밖에 보이지 않겠지만, 엘리아데는 이것을 현실적 시간과 공간의 제약에서 벗어나 신화적 세계로 이행하여 진실을 갈구하는 인간의 종교적 본성의 흔적으로 해석한다.

왜냐하면 소설이나 영화가 창작되었다고 해서 순전히 허구적인 이야기로만 볼 수 없으며, 거기에는 인간의 본질을 드러내고 삶의 진실을 보여 주는 서사가 존재하기 때문이다. 이러한 서사 중에서 가장 모범적인 의미를 담고 있는 것이 신화인데, 전형적인 의미에서 신화란 신과 영웅을 주인공으로 하는 이야기를 지칭한다. 위에서도 언급하였지만, 마블의 《어벤져스》나 디즈니의 《배트맨》과 같은 슈퍼히어로물이 인기를 얻는 것은 바로 그 이야기가 신화를 모방하고 재현한 것이기

[그림 32] 라파엘로, 〈신들의 회의〉

때문이다.

　괴물이나 악당을 물리치는 영웅이 단순히 초능력의 소유자이기만 한 것은 아니다. 선과 악에 대한 가치판단과 가족사나 인간관계와 같은 지극히 인간적인 고뇌가 있으며, 그 모든 심리적 곤란과 상황적 난관을 극복하고 어둠을 물리치기에 영웅의 자격을 갖추게 된다. 그런 점에서 보면 영웅 서사를 내용으로 하는 영화는 그리스·로마나 북유럽의 신화뿐만 아니라 삼황오제가 등장하는 고대 동아시아의 신화와 그다지 다르지 않다.

　신과 영웅을 등장시키지 않고 인간만을 중심으로 다룬 소설과 영화라 하더라도 그것 역시 일종의 신화로 간주하는 데에는 큰 무리가 없다. 왜냐하면 인간 자신이 곧 성스러운 존재로서, 인간의 일상사가 곧 성스러운 이야기인 신화이기 때문이다. 인간은 범속한 일상에서 의미를 찾으려 하지만 아무래도 현실적 제약에서 완전히 자유로울 수는 없다. 그렇기에 인간은 꿈을 꾸며, 꿈같은 이야기에서나마 자신이 추구하는 진실을 발견하려 한다. 헐리우드를 대표하는 영화 제작사 중 한 곳인 '드림웍스Dream Works'의 명칭은 시사하는 바가 크다. 왜냐하면 비현실적인 내용을 다룬다는 점에서 영화는 한낱 꿈에 불과한 것일 수 있지만, 그럼에도 많은 사람은 여전히 영화에서 인간 삶의 진실과 의미를 발견하기 때문이다.

이상의 몇 가지 사례를 통해 보건대, 탈신성화된 문명을 살아가는 현대인이 아무리 일체의 종교적 전통을 비합리적·비과학적인 것으로 거부한다고 하더라도, 어떤 방식으로든 일상적 삶에서 현실을 초월하여 존재하는 의미·가치·진실을 추구하는 한 인간은 본성상 '종교적 인간'일 수밖에 없다. 이것은 심지어 학문적으로 체계화된 이론과 사상에서도 예외가 아니다.

4) 공산주의

먼저 공산주의 사상을 고찰해 보자. 공산주의의 창시자 마르크스K. Marx는 "종교는 인민의 아편"이라고 규정하면서, 종교가 강요하는 맹목적 복종과 개혁을 가로막는 전통의 굴레에서 벗어나 인류 모두가 평등한 사회로 나아갈 것을 주장하였다. 인간은 역사를 이끌어 가는 주체로서, 계급적 한계에 부딪혀 그 자체 모순을 노정하는 자본주의 체제를 전복하고, 혁명을 통해 새로운 역사 발전의 단계로 이행해야 한다고 주장했던 것이다. 그런데 엘리아데에 의하면, 이렇게 명백하게 종교를 신랄하게 비판하는 공산주의 이론조차도 종교적 태도에서 완전히 벗어나는 데에는 실패했다. 오히려 공산주의 사상 체계 자체가 내재적으로 '종교적 모티브'를 적극적으로 함축하고 있다.

왜냐하면 공산주의가 상정하는 역사 발전의 서사가 종교가 의지하는 '신화론적 구조'와 '종말론적 내용'을 답습하고 있기 때문이다. 원시 공산주의에서 고대 노예제로, 중세 봉건제에서 근대 자본주의로, 그리고 최종 목적인 공산주의 사회로의 이행은 선행하는 단계의 한계와 모순을 극복하고 새로운 단계의 사회로 나아가는 서사 구조를 취하고 있다. 그런데 이 것은 앞서 살펴본 것처럼, 과거의 존재로서는 죽음을 맞이하고 과도기적 이행을 거쳐 새로운 존재로 다시 태어난다고 하는 다분히 '종교적 영감'에 의해 뒷받침되는 것이다. 또한 역사의 종착지인 최종 단계를 설정하는 것은 그리스도교가 상정하는 최후의 심판처럼 전형적인 '목적론적 구조'를 지니고 있다. 더욱이 기존의 세계가 철저하게 전복되고 질적으로 완전히 새로운 세계가 도래하는 것은 오직 노동자·농민·빈민 계급의 혁명을 통해서만 가능하다고 주장한다는 점에서, 프롤레타리아 계급은 목적론적 구조를 띠는 신화론적 서사의 주인공인 영웅에 비견된다. 그런 점에서 공산주의 혁명은 종교적 구원을 통한 새로운 질서의 창조와 다름없는 것이다.

5) 정신분석학

또 다른 예로 프로이트S. Freud의 정신분석학을 살펴보기로 하자. 정신분석학의 기본 입장은, 병리적인 심리 현상의 근본 원인을 진단하고 치료하기 위해서는 의식의 어두운 심층부인 '무의식'의 영역으로 들어가야 한다는 것이다. 의식의 가장 깊은 곳에 가라앉아 있는 문제의 원인을 직면하여 해결함으로써만 치유의 효과가 나타나, 의식의 세계인 일상의 정상적인 삶으로 복귀할 수 있다는 것이다. 그런데 엘리아데는, 정신분석학의 이러한 구조가 '상징적 죽음'의 영역으로 들어갔다가 다시 현실 세계로 돌아올 때에 이전과는 다른 존재가 되어 다시 태어난다는, 입사식의 모티브를 차용한 것이라고 분석한다.

앞서 6장에서 물이 지닌 상징적 의미를 논하면서 살펴본 것처럼, 물은 정화와 부활이라는 성스러운 의미를 함축하고 있다. 물은 수면 '위'와 수면 '아래'로 나뉘는데, 전자는 현실적인 것, 가시적인 것, 형태를 띤 것, 분화된 질서로서의 코스모스를 뜻하는 반면, 후자는 잠재적인 것, 비가시적인 것, 아직 형태가 정해지지 않은 것, 미분화된 카오스를 뜻한다. 인간의 마음을 수직적으로 구조화하면 표층부의 의식은 빛의 영역인 전자에 비유할 수 있으며, 심층부의 무의식은 어둠의 영역인 후자에 비유할 수 있다.

심리적 문제가 생겼을 때 현실의 질서에는 균열이 가고 의식은 와해되기에 이른다. 위기에 처한 마음을 다시 살리기 위해서는 의식의 심층부인 무의식으로 들어가야 한다. 무의식은 보이지 않는 어둠의 공간이자 모든 것이 뒤죽박죽인 혼돈의 영역이다. 그러나 이러한 깊은 어둠 속의 혼돈은 부정적인 것이 아니라, 오히려 모든 현실적인 의식의 발생적 원천이자 새로운 생명력을 얻는 부활의 영역이다. 따라서 정신분석과 심리상담이 마음의 치유를 위해 환자로 하여금 회귀하도록 하는 무의식은 상징적 죽음을 암시하는 성스러운 영역인 것이다.

이처럼 종교에 대해 적대적이거나 또는 종교성과 전혀 관련이 없어 보이는 학문적 이론과 사상도 성스러움으로부터 완전히 탈피하는 것은 불가능하다는 것이 바로 엘리아데의 입장이다. 그 이유는 바로 인간이 자신의 본성인 종교성으로부터 벗어나는 것이 근본적으로 불가능하기 때문이다.

2. 엘리아데의 『성과 속』에 대한 비판적 문제 제기

그런데 나는 엘리아데의 입장에 대해 다음과 같이 비판적으로 문제를 제기하고 싶다.

먼저 "코에 걸면 코걸이, 귀에 걸면 귀걸이"인 것처럼, 성스러운 의미라는 것을 너무 여기저기에 갖다 붙이는 것 아닌가 하는 것이다. 그렇게 따지면 삶의 모든 국면에서 종교적이지 않은 것은 도대체 무엇이란 말인가? 이것은 논리적으로 해명하기 까다로운 문제임이 분명하다. 왜냐하면 엘리아데는 인간 존재의 본성을 종교성으로 전제하기에 삶에서의 모든 행위가 성스러운 의미를 지닌다는 입장을 취하는데, 이는 논리적으로 명백히 '동어반복'이나 일종의 '선결문제의 오류'를 범하는 것처럼 들리기 때문이다. 학문이란 그 이유를 설명하는 활동이다. 그렇기에 설명이 필요한 문제를 오히려 전제로 바꿔치기하는 것은 아니냐는 비판을 제기할 수 있는 것이다. 엘리아데가 이 점을 더욱 정교하고 체계적으로 논구했었으면 하는 아쉬움이 드는 것은 분명한 사실이다.

또 이와 연관하여 엘리아데가 강조하는 성과 속의 구조가 종교의 본질 규정으로서는 너무 느슨한 것은 아닌지 하는 의문도 든다. 인류 역사에 존재했었고 현재 존재하고 있으며 앞으로도 존재할 온갖 형태의 종교를 막론하고, 그것을 아울러서 '종교'라고 부르기 위해서는 성현의 체험에 근거를 두지 않으면 안 된다는 것이 『성과 속』의 핵심이다. 그러나 이러한 입장은 다양한 형태의 종교가 지니는 개별적이고도 고유한 차이를 충분히 고려하지 않는다는 점에서 원론적인 수준에 머물고 있는 것처럼 보인다.

바꾸어 말하면 보다 상세하고 구체적인 정보를 제공하지 않았다는 점에서 정작 "종교란 무엇인가?"라는 물음에 대해서는 은근슬쩍 답을 회피하는 것은 아닌가 하는 의심마저 드는 것이다. 쉽게 말해, 엘리아데가 종교의 본질에 대해 답한 것 같지만 실상 "그래서 뭐?"라는 불만 섞인 의문이 여전히 해소되지 않는다는 말이다. 가령 앞에서는 자연과학적·객관주의적·실증주의적 논의를 철저하게 배제하면서 성스러운 의미와 가치를 추구하는 종교성을 논해 왔지만, 현대에 출현한 신흥 종교 중 하나인 '사이언톨로지scientology'는 오히려 과학·기술 자체를 신봉하는 종교로 알려져 있다. 물론 과학 지식 자체를 성스러운 것으로 간주하는 입장이라는 점에서 엘리아데가 말하는 성과 속의 구분이 사이언톨로지에도 적용된다고 생각할 수도 있다. 하지만 이처럼 다양한 형태의 종교를 모두 한꺼번에 아우르려는 엘리아데의 느슨한 본질 규정은 종교와 종교가 아닌 것을 구분하는 데 대해 명쾌한 답을 주지 않는 것이 사실이다.

앞에서 나는 『성과 속』을 해설하려는 입장에서, 윤리적 의미를 일단 유보하고 도외시한 채 식인 행위나 성적 난교에 깃든 종교적·형이상학적 의미가 무엇인지 이해해 볼 것을 권했다. 방법상의 필요에 따라 현상학적 태도변경을 수행하고 그리하여 종교적 관심에 부합하는 사태에만 주목하기로 했지만, 종교적 체험의 본질인 성스러움의 추구가 과연 윤리적 가치와 전혀 무관해도 되는지는 따져 볼 여지가 있다.

가령 종교적 광신狂信에 빠진 '사이코패스'조차도 윤리성을 무시하고 자신이 성스럽다고 느끼는 것을 전적으로 갈구할 수 있다. 다른 종교를 배타적이고 적대적인 태도로 대하면서 심지어 성전聖戰마저 선포하는 근본주의자를 비롯하여, 천국에 가기 위한 속죄랍시고 타인의 신체에 고통을 주는 학대를 자행한다거나, 신의 축복을 내세우며 신도에게 원치 않는 성관계를 강요하는 '사이비 종교' 관련 사건을 우리는 뉴스에서 심심치 않게 접한다. 이러한 행위는 대체로 지극히 세속적인, 그것도 왜곡된 욕구를 충족하기 위해 종교를 구실로 내세우는 범죄에 불과하지만, 실제로는 이러한 일을 행하는 사람 또한 진지하고 신실한 마음으로 그러한 행위에 성스러운 의미를 부여하고 있을지 모른다.

물론 엘리아데가 이러한 극단적인 경우까지 모두 용인한다고 생각하기는 어렵고, 종교가 추구하는 궁극적이고 절대적인 성스러움은 마치 플라톤의 이데아처럼 진선미의 통일체와 비슷한 것으로 존재할 테지만, 그럼에도 종교적 가치와 윤리적 가치가 언제나 조화로울 수 있다는 순진한 믿음은 오히려 건전한 상식에 입각한 인간의 삶을 왜곡시킬 수도 있는 것이다.

마지막으로 『성과 속』에서 제시하는 내용이 성평등이라는 관점과 어떻게 조화될 수 있는가 하는 점도 위와 무관하지 않은 문제다. 나는 앞에서 방법상 철저하게 종교적 관심만을 염두에 두면서 윤리적 판단뿐 아니라 정치적 입장까지도 잠정적으로 유보하는 현상학적 태도변경을 수행했다. 그리고 인류의 전통문화에서 보편적으로 발견되는 성정체성 또는 성역할이 지닌 성스러움의 가치에 자연적 근거로서의 형이상학이 있음을 시사했다.

그러나 인간의 삶을 이해할 때에 자연적 근거가 유일한 근거이거나 능사가 되는 것은 아니다. 특히 '형이상학'이라는 말은 원천이자 뿌리가 되는 가장 근본적인 전제이자 원리를 지칭하는데, 자연을 최종 근거로 삼는다면 성차별을 용인하거나 정당화하는 방식으로 정치적으로 악용될 여지가 있다. 물론 엘리아데를 성차별주의자라고 낙인찍어 비판하는 것은 부당한 처사일 것이다. 그러나 『성과 속』에 등장하는 사례가 대체로 원시 인류의 풍습이거나 또는 확고한 종교·문화적 전통에 기반하고 있음에 주목한다면, 설령 의도하지 않았다고 하더라도 그의 논의가 전통적 선입견·편견으로부터 자유롭지 않은 보수적 색채를 띠는 것 또한 부인할 수 없는 사실이다.

따라서 성적 난교의 축제나 자연물에 깃든 성스러움 그리고 여성의 통과의례 등을 읽는 대목에서는, 현대 사회의 보편적 인권 및 예민한 성감수성을 고려하여 적어도 성중립적 관점에서 독해하거나, 더 적극적으로는 성평등적 관점으로 재해석할 필요가 있다. 이것은 엘리아데의 『성과 속』의 입문을 위한 해설의 범위를 넘어서는 것으로, 차후 여러 분야 전문가에 의해 좀 더 체계적이고도 섬세하게 논의가 이루어졌으면

하는 바람이다.

3. 존재의 의미를 추구하는 한 인간은 본성상 '종교적 인간'이다

나는 앞서 2장에서 현상학적 본질직관을 논하면서, 본질에 대한 탐구가 일회적 수행으로 단번에 이루어지는 것이 아님을 언급한 바 있다. 성현이 종교의 본질에 대한 최종적인 규정은 아니라 하더라도, 종교의 본질에 대한 근본 규정 중의 하나라는 것을 부인할 수 없을 것이다. 현상학의 관점에서 이러한 견해가 타당한지를 확인하는 유일한 방법은 오직 의식 체험에 비추어 보는 것이다. 현상학은 객관화된 논리적 분석 이전에 생생한 삶의 체험으로 돌아가 사태를 있는 그대로 바라볼 것을 권한다.

아무리 종교를 거부하거나 종교에 무관심한 태도 속에서 살아가는 비종교인이라 하더라도, 그가 인간으로 살아가는 한에서는 종교적 본성으로부터 완전히 자유로울 수가 없다. 왜냐하면 인간은 자연과학이 연구하는 대상인 한낱 자연물로 환원되거나 물질적·경제적 현실에 매몰되어 있는 존재가 아니라, 범속한 일상적 삶의 어떠한 국면에서도 의미·가치를 찾으려고 하는 존재이기 때문이다. 이러한 의미·가치는 맹목적인 자연이나 객관적 현실을 넘어서 있는 초월적인 차원의 것이다. 그런 점에서 인간은 부단히 성스러움을 동경하고 갈망하며 지향하는 본성을 지녔다.

그러므로 인간은 공간과 시간의 얽힘으로 이루어진 세계를 수학·기하학·물리학이 탐구하는 객관적 자연으로 경험하는 것이 아니라, 일종의 신화적 서사를 부여하여 성스러운 의미를 함축하고 있는 세계로 체험한다. 나아가 이러한 삶의 세계에서 체험하는 모든 사물에 성스러운 의미가 깃들어 있음을 발견한다. 그리고 궁극적으로 신의 창조물인 인간의 삶 자체에 성스러운 의미가 깃들어 있기 때문에, 인간은 부단히 더 나은 존재로 거듭나기 위한 이행을 준비하는 초월적 존재로서 살아간다.

엘리아데의 『성과 속』은 인간이란 존재가 무엇이며 또 어떠한 삶의 태도를 가지고 살아가야 하는지에 대해 많은 것을 생각하게 한다. 세속에서 일상적 삶을 살아가는 지극히 범속한 인간이라 할지라도, 그가 인간 존재의 내적 본성인 종교성을 상실하지 않았다면, 그는 일상에서 체험하는 모든 사물에서 성스러운 의미를 발견할 것이며, 그가 일상적으로 행하는 모든 행위에 성스러운 가치를 부여할 것이다. 세계에서 이러한 의미를 발견하지 못하고 자신의 행위에 아무런 가치도 부여하지 못하는 사람은 그저 감각적으로 경험하는 눈앞의 현실에만 모든 관심이 매몰된 채, 자신이 초월적인 차원을 동경하며 거기에서 진정한 의미를 발견하기를 추구하는 성스러운 존재임을 망각하는 무지를 드러낼 뿐이다.

외적으로는 문명화되지 않은 야생 속에서 살아왔던 원시인의 행위가 야만적인 것처럼 보인다. 하지만 고도로 발전한 과학·기술 문명을 살아가면서도 현대인이 정작 삶의 의미·가치·목적을 발견하지 못한 채 내적으로 방황하고 있다는 점을 고려해 보면, 역설적으로 합리성과 객관성으로 무장한 채 탈신성화된 문명을 살아가는 현대인이야말로 훨씬 더 비인간적이고 야만적인 삶을 살아가고 있는 것은 아닌가? 엘리아데의 『성과 속』은 인간이 어떠한 존재이며 어떻게 살아야 하는가에 대한 철학적이고 형이상학적인 물음을 던지고 있다.

요약

—

- 엘리아데의 종교학은 다양한 양상으로 존재하는 종교를 역사적, 문화적, 개인적 사실의 관점에서 탐구하지 않고, 본질의 관점에서 탐구하는 학문이다.
- 엘리아데는 종교의 본질을 성스러운 것에 대한 체험, 즉 성현聖顯, hierophany으로 규정한다.
- 엘리아데 종교학의 과제는 성스러운 것이 나타남, 즉 성현의 의미와 형태를 밝히고, 성스러운 것을 체험하는 인간 실존을 규명함으로써, 성스러운 것과 관계 맺으며 살아가는 인간의 본성에 근거하여, 세계에 존재하는 다양한 형태의 종교 상징 체계를 해석하는 것이다.
- 현상학적으로 드러나는 인간의 종교적 체험은 성聖과 속俗의 본질 구조를 가진다.

- 성스러움은 세속적인 것과의 대립과 통일, 단절과 이행, 초월의 신비를 함축하는 변증법 속에서 출현한다.
- 이러한 성현의 유형과 구조는 인류에게 보편적인 것으로서, 인간이 살아가는 세계의 공간·시간·자연이라는 측면에서만이 아니라 인간 삶의 여러 차원에서도 확인할 수 있다.
- 고도로 발전하는 산업화의 근대 문명 속에서 현대인은 점점 비종교적인 삶을 살아가는 경향이 있다.
- 하지만 탈신성화된 현대인의 일상적 삶의 행위에는 무의식적으로나마 종교와 신화의 흔적이 여전히 깃들어 있다.
- 따라서 순수하게 이성적이고 합리적인 존재로서의 현대인이라는 표상은 하나의 추상에 불과하다.
- 왜냐하면 인간은 본성상 종교로부터 자유로울 수 없는 종교적 인간*homo religious*이기 때문이다.

더 읽어 볼 만한 글

멀치아 엘리아데, 『성과 속: 종교의 본질』, 이동하 옮김, 학민사, 1983.

유요한, 『종교적 인간, 상징적 인간』, 이학사, 2009.

_____, 『종교, 상징, 인간』, 21세기북스, 2014.

_____, 『종교 상징의 이해』, 세창출판사, 2021.

신호재, 「종교현상학의 방법적 기초로서의 현상학적 환원: M.엘리아데의 『성과 속』에서 '속(俗)'의 이중적 의미를 중심으로」, 『철학사상』 제73권, 서울대학교 철학사상연구소, 2019. 8. 31., pp.69-104.

자료출처

[그림 1]   https://commons.wikimedia.org/wiki/File:Fuchia_Pink_
Beacon_2015_524.JPG

[그림 2-1, 2-2]   https://commons.wikimedia.org/wiki/File:Hairymnstr_
Coffee_Mug.svg

[그림 3]   https://commons.wikimedia.org/wiki/File:ReligijneSymbole2.
svg

[그림 6]   https://gongu.copyright.or.kr/gongu/wrt/wrt/view.do?
wrtSn=13065453&menuNo=200018

[그림 7]   https://commons.m.wikimedia.org/wiki/File:Holy_Water_
stoop_in_Brentwood_Cathedral.jpg

[그림 8]   https://hotcore.info/babki/muslim-halal-logo.htm 720*1280

[그림 9]   https://smartstore.naver.com/yeshalal/products/5079281172?&
frm=NVSCIMG

[그림 12]   https://commons.wikimedia.org/wiki/File:Artist%
E2%80%99s_Impression_of_a_Baby_Star_Still_Surrounded_
by_a_Protoplanetary_Disc.jpg

[그림 13-1] https://commons.wikimedia.org/wiki/File:Kodaki_fuji_frm_shojinko.jpg

[그림 13-2] https://commons.wikimedia.org/wiki/File:Pyramid_of_Khafre_(color-corrected).jpg

[그림 13-3] https://commons.wikimedia.org/wiki/File:Ancient_ziggurat_at_Ali_Air_Base_Iraq_2005.jpg

[그림 14] https://commons.wikimedia.org/wiki/File:Celestial_Sphere_-_Full_no_border.png

[그림 15-1] https://commons.wikimedia.org/wiki/File:Hagia_Sophia_Mars_2013.jpg

[그림 15-2] https://blog.naver.com/j2k9399/222532867985

[그림 16] https://commons.wikimedia.org/wiki/File:Corbusierhaus_B-Westend_06-2017.jpg

[그림 17] https://commons.wikimedia.org/wiki/File:The_History_of_the_Universe.jpg

[그림 18] https://commons.wikimedia.org/wiki/File:Sunrise,_Outer_Banks.jpg

[그림 19] https://commons.wikimedia.org/wiki/File:Albert_Anker_-_Alter_Wein_und_Brot_(1896).jpg

[그림 20-1]   https://commons.wikimedia.org/wiki/File:Bon_odori_at_
Sugiyama_Kouen_Park_Nakano_City_Tokyo_02.jpg

[그림 20-2]   https://commons.wikimedia.org/wiki/File:Carnaval_de_
Nice_1922_char_de_Sa_Majest%C3%A9_Carnaval_XLIV.jpg

[그림 21]   https://commons.wikimedia.org/wiki/File:Cumulonimbus_
calvus_cloud_over_the_Gulf_of_Mexico_in_Galveston,_Texas.
jpg

[그림 22]   https://commons.wikimedia.org/wiki/File:Ara_Pacis_
relief_03_-_replica_in_Pushkin_museum_by_shakko.jpg

[그림 23]   村山智順,『朝鮮の風水』, 1931

[그림 24]   https://commons.wikimedia.org/wiki/File:Wu_Xing.png

[그림 25]   https://commons.wikimedia.org/wiki/File:Sefirot_(Robert_
Fludd).jpg

[그림 26]   https://commons.wikimedia.org/wiki/File:Seoraksan_
National_Park_panorama_4.jpg

[그림 27-1]   https://commons.wikimedia.org/wiki/File:Chakras_map.svg

[그림 27-2]   https://commons.wikimedia.org/wiki/File:Vitruvian_
macrocosm.jpg

[그림 29]   https://commons.wikimedia.org/wiki/File:Jewish_boy_reads_

Bar_Mitzvah.JPG

[그림 30]   https://commons.wikimedia.org/wiki/File:Etiopia_-_omo_
river_valley_DSC_2835_(40).jpg

[그림 31-1]   https://commons.wikimedia.org/wiki/File:Fasting_buddha_
at_lahore_museum.jpg

[그림 31-2]   https://commons.wikimedia.org/wiki/File:El_Greco_
workshop_-_Christ_on_the_Cross,_CE00022.jpg

[그림 32]   https://commons.wikimedia.org/wiki/File:Raffaello,_concilio_
degli_dei_02.jpg

미르치아 엘리아데의
『성과 속』
읽기

[세창명저산책]

· 세창명저산책은 계속 이어집니다.